El ingeniero, la gestión y el desarrollo de negocios

El ingeniero, la gestión y el desarrollo de negocios

Dr. Javier Chávez Meléndez

Coautores:
Dr. Juan Antonio Olguín Murrieta
Dra. Nora Hilda González Durán
Dr. Juan Carlos Guzmán García
Dr. Marcos Alfredo Azuara Hernández
M.I. Federico Gamboa Soto
M.Ed. Juana María Vázquez Pimienta

Número de Control de la Biblioteca del Congreso de EE. UU.:   2015914561
ISBN: Tapa Dura   978-1-5065-0748-4
                 Tapa Blanda   978-1-5065-0795-8
                 Libro Electrónico   978-1-5065-0825-2

Información de la imprenta disponible en la última página.

Fecha de revisión: 16/09/2015

Para realizar pedidos de este libro, contacte con:
Palibrio
1663 Liberty Drive
Suite 200
Bloomington, IN 47403
Gratis desde EE. UU. al 877.407.5847
Gratis desde México al 01.800.288.2243
Gratis desde España al 900.866.949
Desde otro país al +1.812.671.9757
Fax: 01.812.355.1576
ventas@palibrio.com
720989

ÍNDICE

INTRODUCCIÓN

Escribir un libro de negocios orientado a los ingenieros,es un compromiso que se consideró obligado cuando se tiene una formación ingenieril, y se han pasado muchos años de la vida profesional trabajando en diversos tipos de negocios.

La experiencia recorrida como ingenieros que llegan a trabajar a una empresa y tienen el interés de llegar a puestos gerenciales o directivos, de ingenieros que forman parte de una empresa familiar y necesitan dirigir, o bien ingenieros que mantienen el deseo de desarrollar su propia empresa, fueron factores de gran valor en la visión de este libro.

El ingeniero con compromiso, formado en las universidades públicas o institutos tecnológicos mexicanos, es un profesionista por lo general reconocido, el cual cuenta en su conjunto de conocimientos acumulados durante su formación profesional, con un buen dominio de modelos, leyes, teorías, técnicas y procedimientos, relacionados todos con aspectos técnicos o tecnológicos de su área. Adicionalmente este profesional, al término de sus estudios cuenta con un buen desarrollo de habilidades, destrezas, actitudes y competencias, en su mayoría, técnicas y tecnológicas, para desempeñarse de manera muy competitiva en diferentes empresas y negocios, pero de manera sobresaliente en muchos de los casos, no está bien habilitado para dirigir o administrar empresas propias o de otros.

Con frecuencia, después de pasar algunos años al frente de trabajos muy técnicos propios de su profesión, en una o varias compañías, el ingeniero capaz es ascendido a puestos más altos, en donde el componente administrativo del trabajo empieza a participar de manera sobresaliente, y la mezcla de actividad técnica y administrativa presenta una mezcla diferente.

De esta forma, cuando el ingeniero decide iniciar una empresa por sí mismo, cuando hereda una posición gerencial por tratarse de una empresa familiar, o bien cuando aspira en una edad temprana a un puesto administrativo, estos eventos le llevan a detectar que hay conocimientos propios de la administración de una empresa, del mundo de los negocios, que desafortunadamente no forman parte de su formación principal.

Por tal razón, por ejemplo, un ingeniero civil, está habilitado para hacer tareas de construcción, diseño, supervisión o mantenimiento de obras civiles, pero no está capacitado para dirigir de manera integral una empresa constructora, una empresa de venta de materiales para construcción o una empresa de otra índole; un ingeniero mecánico tiene buenos conocimientos y habilidades relacionadas con diseño, montaje, supervisión y mantenimiento de equipos y sistemas mecánicos, bombas, cimentaciones, etc., pero de igual manera, no tiene la formación profesional para dirigir su propia empresa de asesoría y montaje mecánico, ni está totalmente habilitado para dirigir o administrar una empresa relacionada con equipos mecánicos o industriales, o cualquier otro tipo de empresa.

En consideración a lo antes descrito, la redacción de este documento no pretende en ningún momento, desviar la formación profesional de un ingeniero que pasó varios años en una institución de educación superior, ni tampoco busca que los ingenieros dejen de hacer ingeniería en el campo, laboratorio, industria o taller, solo se desea transmitir o transferir una serie de conocimientos y recomendaciones adicionales, que les puedan facilitar el camino para ocupar gerencias, para llegar al manejo de empresas propias o de empresas propiedad de otras personas o sociedades.

Si fuera factible relacionar las intenciones de este libro, las resumiríamos en las siguientes afirmaciones, "con la redacción del mismo se desea":

○ Servir de guía a jóvenes egresados de carreras de ingeniería con deseos de incursionar en el mundo de la gerencia empresarial, propia o de otros.

○ Apoyar a ingenieros con más tiempo de trabajar en áreas técnicas y que tengan el firme entusiasmo de administrar una empresa, buscar una gerencia, o en su defecto crear su propia empresa.

○ Contribuir aunque sea de forma muy sencilla, en el desarrollo de ingenieros empresarios o dueños de su propio negocio, dándole un revés al viejo paradigma que afirma: *"el ingeniero tiene que salir a buscar una empresa que lo pueda contratar"*.

○ Abonar también, de forma muy pequeña, en las acciones contra el problema del desempleo y subempleo profesional en México, que a fines del año 2014, de acuerdo con el Instituto Nacional de estadística, Geografía e Informática (INEGI; 2014), rondaba en el 6%, y además es uno de los principales problemas en el mundo.

○ Lograr que el tiempo vivido por los autores en diferentes empresas, pueda ser de utilidad a las nuevas generaciones de ingenieros.

○ Aportar, buscando que los procesos de adaptación al manejo de la administración o dirección de empresas, por parte de los ingenieros pueda ser un poco más ágil.

○ No pretende en ningún momento sustituir algún buen libro de texto, libro de negocios, manual, artículo científico o libro de apoyo relacionado con la administración de empresas, sólo intenta ser una pequeña y sencilla guía práctica para ayudar al ingeniero interesado en el manejo de negocios.

○ Si este libro lograse ser de utilidad al menos a un ingeniero con intenciones de crecimiento administrativo empresarial, creo que se alcanzará uno de sus principales objetivos.

○ Por último y para no hacer tan exhaustiva esta lista, se desea cumplir con el cometido de cualquier ser humano comprometido con sus semejantes: *servirles.*

Atentamente.

Los Autores

EL MUNDO EMPRESARIAL

Los negocios son entidades socioeconómicas creadas principalmente por las siguientes razones:

a) Generar utilidades. Es decir ser rentables.

b) Ser una fuente de empleo: propio y en la mayoría de los casos para otras personas.

c) Generar riqueza y bienestar en una sociedad, por la derrama económica producida con los sueldos.

d) Atender y satisfacer una demanda de alguno o varios segmentos, sectores o grupos de mercado en particular o de la economía de la región.

Los negocios son organizaciones formadas por personas, cuyos líderes tienen una visión y en ocasiones se asocian con otros buscando complementarse, y que decidieron invertir un capital, tiempo y esfuerzo, con la finalidad de que se obtuvieran dividendos.

Sin embargo, todos los negocios requieren de una cierta experiencia y en muchos de los casos, exigen de la formación profesional específica para su administración, dirección o gerencia. Por tal razón se pensó en el desarrollo de este libro de apoyo que pudiese contribuir en este proceso.

El inicio de un negocio implica poner en riesgo un capital de dinero, así como tiempo y trabajo, por tal razón es importante hacer conciencia sobre la necesidad de no tirar por la borda los ahorros de toda la vida o el patrimonio de toda una familia; si se recomienda arriesgar en el negocio, pero equipados con buenas herramientas administrativas y conocimientos, que permitan sacar a flote el negocio ante cualquier contingencia.

El mundo de los negocios es un ambiente altamente competitivo, para permanecer en este universo empresarial, es necesario desarrollar las habilidades, destrezas, conocimientos y actitudes que permitan la administración exitosa de los mismos.

Hace varias décadas, nuestro país y el mundo eran diferentes, no había tantas empresas, los márgenes de utilidad eran mayores que los actuales y los mercados no eran tan disputados, por tal motivo con un poco de experiencia o con muchos deseos era posible subsistir en los negocios. En esta época se podía tolerar algo de desconocimiento en administración, errores o fallos, malas prácticas de servicio, etc., las empresas con muchos ingresos lo podían soportar

En los tiempos actuales, se requiere algo más que buenos deseos y capital, ahora no se permite la improvisación, los errores o malas prácticas de negocios pueden ser de consecuencias letales, los márgenes de operación se hicieron reducidos, creció la competencia y se requiere buscar la máxima eficiencia y eficacia en el manejo de todos los recursos, activos, procesos y acciones de la empresa.

Existe un indicador en México que nos muestra que de cada 10 nuevos negocios que abren, 6 de ellos desafortunadamente tienen que cerrar.

Por mencionar algún autor reconocido, mencionaré que Stephen Robbins (2002) señala que muchos empresarios exitosos en los Estados Unidos dedican gran parte de su tiempo principalmente a la toma de decisiones y a la formación de relaciones con personas, cosas que a veces ni siquiera imaginamos.

Dirigir una empresa con honestidad, amplio dominio del mercado en que se está trabajando, amor a lo que se hace, buen manejo financiero de la empresa, correcta administración del recurso humano y vocación de servicio, en la mayoría de los casos trae buenos resultados.

Actualmente es necesario administrar el negocio luchando día con día contra muchas empresas, algunas de ellas, verdaderos gigantes del mercado, y esto hace necesario la preparación continua, el esfuerzo constante, la visión y el amor por hacer lo correcto, como guías imprescindibles, buscando que la competitividad, productividad, innovación, calidad en el servicio, conocimientos financieros, de mercadotecnia, de recursos humanos y operaciones, entro otros, sean aplicados con mucho cuidado y con precisión quirúrgica, buscando la permanencia del negocio.

Atentamente.

Los Autores.

CAPÍTULO 1

La Administración

Dr. Javier Chávez Meléndez

CAPITULO I

LA ADMINISTRACIÓN

Administración de acuerdo con Robbins (2009) es el manejo eficiente y eficaz de todos los recursos de una organización. Es conveniente entender tal como lo señala Chiavenato que las raíces de la palabra ADMINISTRACIÓN viene del latín AD (dirección, tendencia) y MINISTER (subordinación u obediencia), y significa cumplimiento de una función bajo el mando de otro, es decir uno manda y los demás deben obedecer.

Administrar un negocio es fundamental, es la base de todas las demás funciones.

La tarea de administrar se sustenta en el famoso proceso administrativo, que incluye las tareas de: Planeación, Organización, Dirección y Control.

https://pixabay.com/es/estad%C3%ADsticas-tabla-gr%C3%A1fico-bar-227173/

Visión Empresarial.

La visión es parte del sueño, de la capacidad de innovación del empresario.

La visión consiste en primero imaginar y luego describir, el lugar donde se quiere llevar la empresa y las características como se desea esté la empresa en el mediano o largo plazo. La visión se debe redactar, es necesario escribirla y con el mayor número de detalles señalar las características del negocio, los rasgos que la harán diferente, los aspectos de producto o servicio que la distinguirán de otras.

Una vez realizado lo anterior se debe compartir esa visión y dar a conocer a los posibles socios.

Más adelante la visión se debe transmitir con orgullo a los empleados, clientes y proveedores y se debe luchar todos los días por llegar a esa visión.

En la visión se debe especificar los elementos claves que se pretende.

Ejemplos de una visión:

- *"Llegar a ser la empresa de instalaciones eléctricas de alta tensión líder en el estado".*
- *"Ser la empresa constructora con mayores volúmenes de obra en la zona sur de Tamaulipas".*

- *"Llegar a constituirse como la empresa de maniobras mecánicas más reconocida en el país".*
- *"Construir una empresa de asesoría ambiental con las mayores utilidades en el sur de Tamaulipas"*

La Misión Empresarial.

Es la redacción del quehacer diario de la empresa, de la razón de ser de la organización. La misión lleva implícita las ideas del empresario, sus sueños, su forma de conceptualizar su negocio.

Algunos ejemplos de misión son:

- *"Comercializar materiales para construcción con altos estándares calidad, son una profunda vocación de servicio y calidez humana".*
- *"Diseñar soluciones empresariales en ingeniería con alto sentido de responsabilidad, pensando en un desarrollo sustentable de sus clientes".*
- *"Resolver problemas de cimentaciones para equipos mecánicos con alto grado de eficiencia, calidad y profesionalismo".*

Recomendaciones:

- Exigir al personal que sus acciones se alineen con la misión, es decir si decimos que vamos a hacer algo con vocación de servicio, por ejemplo, y un empleado siempre hace su trabajo desganado, desmotivado, después de platicar con él, si no se cambia y se alinea con la misión lo mejor es despedirlo.
- El gran problema de las empresas es tener personas comprometidas con la misión y los valores.

Valores.

Los Valores son lineamientos de conducta o comportamiento, primero personal y luego empresarial que son considerados como ideales, deseados para todos los que integran la empresa, son las directrices de acción de los empleados, y de las cuales nadie se debe apartar; algunos ejemplos de valores son: puntualidad, calidad, servicio, honestidad, fidelidad, compromiso, respeto, etc.

Los valores al igual que la visión y la misión se deben compartir con el personal y resaltar la importancia de los mismos.

Recomendación:

o El ingeniero empresario debe luchar por que los valores que implementó y comunicó su cumplan. Si se detecta que algún empleado deja de comportarse de acuerdo a los valores establecidos, lo mejor es retirarlo de la organización.

1.1 PLANEACIÓN.

La Planeación de forma muy simple, consiste en establecer metas, plantear objetivos y definir estrategias.

Es muy difícil concebir el éxito empresarial si no hay planes, correctamente estructurados, lógicos y por escrito. La gran mayoría de las empresas exitosas trabajan con planes bien detallados.

Un plan es un documento que debe redactarse, en el cual se plasman las metas, los objetivos y las estrategias, en el plan se describen los detalles de qué cosas se desean alcanzar y de qué forma se alcanzarán. El plan involucra todos los recursos que se emplearán para alcanzar lo deseado

Cada cierto periodo de tiempo, el empresario, gerente o administrador de una empresa debe trabajar con su personal en el establecimiento de planes, revisión del plan general o plan de negocios, adecuación de los planes, entre otras cosas.

Metas.

Una meta es algo a lo que se quiere llegar o algo que se desea alcanzar. De igual forma que en las carreras deportivas: las metas son logros o sitios a los que se desea llegar.

Con frecuencia se confunden las metas y los objetivos, ya que ambos tienen similitudes. Una meta es más de mediano o largo plazo, y es más general que los objetivos.

La meta se alcanza por medio de objetivos. Un ejemplo de una meta sería: Tener utilidades al final del año por una cierta cantidad que se considere necesaria y posible de alcanzar.

Objetivos.

Un objetivo es algo que se quiere lograr pero de más corto plazo, muy específico, cuantitativo, con fecha de alcance, retador y alcanzable.

Por ejemplo: Si usted se plantea como meta tener utilidades al final del año no menores de $ 240,000 pesos, por mencionar una cantidad, se deberá plantear objetivos de corto plazo, por ejemplo dividir el año (12 meses) en 12 objetivos y establecer como objetivos mensuales tener utilidades cada mes mayores o iguales a $ 20,000 pesos.

Los objetivos son muy específicos, en este caso utilidades mayores o iguales a $20,000 pesos por mes, es decir son muy claros, no debe dejar lugar a dudas.

Son cuantificables, es decir se deben poder medir, los $20,000 por mes son medibles.

Tienen una fecha de alcance, es decir cada fin de mes.

Deben se retadores y alcanzables, lo anterior significa que alcanzar esa utilidad de $20,000 por mes debe representar un esfuerzo alcanzarla, pero no debe ser algo imposible para esta empresa.

Un ejemplo de algo que NO es objetivo sería: Mejorar las ventas este mes, porque no se dicen cuánto se mejoran, por tal motivo no es específico.

https://pixabay.com/es/tiro-con-arco-flecha-meta-deportes-472932/

Estrategias.

Estrategias son las acciones que se plantean para alcanzar los objetivos. De acuerdo con Henry Mintzberg, Quinn y Voyer (1997), estrategia es una serie de cursos de acción conscientemente pretendidos a manera de guía. Existen muchos tipos de estrategias, para profundizar en el manejo de las estrategias habrá que leer algún libro especializado.

El concepto original de estrategia surgió en el ambiente militar, es decir su origen es bélico. Posteriormente el concepto de estrategia pasó a otros ámbitos.

En el ejemplo del párrafo anterior, relacionado con alcanzar utilidades mayores a $ 20,000 pesos por mes, algunas estrategias podrían ser:

o Contratar un vendedor experto
o Abrir un punto de ventas nuevo.
o Establecer un bono por ventas para los vendedores.
o Diseñar una buena promoción.
o Buscar un segmento de mercados al cual no se le estaba vendiendo.
o Etc.

De forma práctica podemos decir que las estrategias nos ayudan a alcanzar los objetivos, y los objetivos sirven para alcanzar las metas.

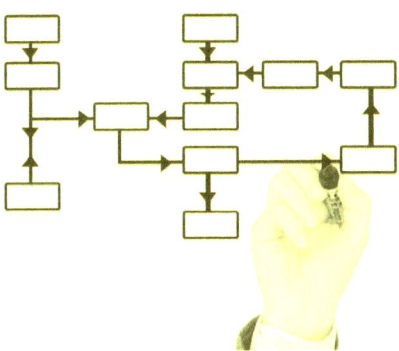

https://pixabay.com/es/marca-marcador-mano-deja-516279/

Recomendaciones:

o Hacer el plan, mínimo, una vez al año.

○ Hacer participar a todos los jefes de área o departamento. Es importante la participación del personal, recuerde el refrán *"dos cabezas piensan mejor que una"*.

○ Se debe hacer un plan para cada área de la empresa: ventas, producción, compras, calidad, recursos humanos, contabilidad, finanzas, etc.

○ Con todos los planes se integra el plan general de la empresa.

○ Todos los planes deben contribuir al alcance de las grandes metas de toda la empresa.

○ Los objetivos que se establezcan deben ser motivadores y factibles de alcanzar.

○ De una copia, por lo menos de la parte que corresponda, a cada involucrado.

○ Revise con cierta periodicidad, puede ser cada 15 días, el nivel de alcance de los objetivos. Si en el mes debo elaborar 100 mesas como objetivo, en 15 días deberemos tener al menos 50.

○ Pegue el plan en su oficina en un lugar que le permita estar recordándolo.

○ Motive al personal cuando les revise su nivel de alcance. Una palabra de aliento, una palmada de apoyo, una recomendación de cómo mejorar, una comida al mes, etc., pueden traer buenos resultados.

○ Si no se están alcanzando los objetivos, junte al personal y revise las causas. Es necesario por lo menos una vez, realizar una junta breve y objetiva para analizar los resultados que se están obteniendo.

○ Si es necesario tomar decisiones, tómelas, para eso es usted el director, gerente o administrador.

○ Lo cierto es que si las cosas no van bien, hay que trabajar más y de manera muy inteligente, recuerde que es su empresa y su patrimonio, o en su defecto es la empresa de otros que confiaron en ponerla en sus manos y no sería justo, ni profesional no cuidarla como propia.

1.2 ORGANIZACIÓN.

Henry Fayol (Theodinstitute, 2015) define el concepto de organización, desde un punto de vista verbal administrativo, como la construcción de la estructura tanto material, como social de una empresa. Lo anterior significa en desarrollar todos los elementos tanto materiales como humanos para que una empresa pueda operar. A lo antes descrito, se le denomina "estructura organizacional".

Los principales elementos de la estructura organizacional de una empresa son:

o **El manual de organización.**
o **El manual de políticas.**
o **El manual de procedimientos.**

Las ventajas de tener estos manuales son:

a) Se reduce la improvisación, ya que todo está documentado.
b) Aclaran dudas sobre qué hacer en un determinado momento.
c) Permite evaluar las acciones, ya que todo está establecido como se debe hacer.
d) Ahorro de tiempo y recursos.
e) Son mejorables.

Recomendaciones:

o Redactar estos manuales, aunque sea de manera muy sencilla al inicio, con el tiempo se irán mejorando.
o Revisarlos con frecuencia, ya que las cosas cambian.

Los Manuales.

Todo manual debe tener los siguientes elementos: *1. Introducción*, que sirve para presentar el manual, *2. Indice o Contenido*, que explica todos los elementos que incluye el mencionado manual y *3.Objetivo*, para explicar que se pretende lograr con este manual. En caso de ser muy detallado el uso del manua, hay que añadir: *4. Instrucciones de Uso.*

El Manual de Organización

El Manual de Organización es un documento que incluye varios elementos que son:

a) **Organigrama**
b) **Departamentos o áreas.**
c) **Descripciones de Puestos de Trabajo.**

a) Organigrama.

Es una representación gráfica de los diferentes niveles organizacionales, de los diferentes departamentos, de los diferentes puestos, de las relaciones de autoridad y de las demás relaciones existentes entre los puestos y los departamentos.

Considerando un ejemplo, podemos imaginar que en un organigrama puedan existir: 3 niveles organizacionales: gerente, coordinador y técnico.

Adicionalmente pueden existir 3 departamentos, cada uno con un coordinador (contabilidad, ventas y servicio).

En las relaciones de autoridad: el gerente es jefe de los coordinadores, y cada coordinador es autoridad sobre los técnicos debajo de él en el organigrama.

Los coordinadores mantienen una relación horizontal, es decir ninguno es autoridad del otro.

https://pixabay.com/es/idea-de-negocio-planificaci%C3%B3n-660083/

Se denomina *"Tramo de Control"* al número de subordinados que reportan de manera directa a un puesto superior.

Recomendaciones:

○ Tener un tramo de control muy grande, por ejemplo ser gerente general con 15 jefes de área reportándole, se corre el riesgo de estar sobrecargado de trabajo, de convertirse el gerente general en un "cuello de botella" y perder algo de control sobre tantos puestos.

○ Es mejor crear uno o dos puestos a nivel jefatura que apoyen con controlar cierto número de coordinadores de área.

Departamentos o Áreas.

Como su nombre lo indica son las diferentes áreas en que se divide la empresa para facilitar su operación, algunos ejemplos de áreas o departamentos son: ventas, construcción, reparaciones, contabilidad, dirección, etc.

Descripciones de Puestos de Trabajo.

Son documentos que se desarrollan con la finalidad de definir las tareas, actividades o responsabilidades de cada puesto de trabajo. Se componen de tres partes principales: los datos de la empresa y del puesto, la Descripción de Funciones y la Descripción del Perfil del Puesto de Trabajo.

a) En los datos de la empresa se coloca: el nombre de la empresa, la fecha en que se llenó el formato, el nombre del puesto, a qué puesto le reporta y qué puestos le reportan al puesto descrito.

b) La Descripción de Funciones incluye la relación de las principales responsabilidades, tareas, funciones o reportes que hará el titular del puesto. Incluir las funciones de manera gruesa o global.

c) La Descripción del Perfil abarca todas las características que se exigirán a la persona que se encargue del puesto, por ejemplo: sexo, edad, estudios, dominio de idiomas, experiencia previa, estado civil, dominio de funciones, manejo de equipos y/o herramientas, habilidades adicionales, posibilidades de cambio de ciudad, características de personalidad (muy serio, muy expresivo, alegre, dominante, inseguro, etc.), y aspectos sobresalientes de su forma de ser como su facilidad de palabra, capacidad de liderazgo, trabajo a presión, proactividad,

DESCRIPCIÓN DEL PUESTO

DATOS GENERALES			
Departamento De Informática	5	General	Tampico, Tamaulipas
NOMBRE FUNCIÓN DEL PUESTO / CATEGORÍA	**NIVEL**	**No. DE PLAZA**	**ÁREA**
Tampico, Tamaulipas	Jefatura del Departamento de Informática		
DIRECCION	**JEFATURA**		
Tampico, Tamaulipas	1		
PUESTO DEL JEFE INMEDIATO	**NUMERO DE PUESTOS**		
De 7:00 a 15:00 Hrs.	Tampico, Tamaulipas		
HORARIO DE TRABAJO	**REPORTA**		

PROPOSITO GENERAL DEL PUESTO
El objetivo es integrar y coordinar los servicios aplicados en el área de informática. En la organización de un área de informática tiene que contar con el servicio de equipamiento y operación, servicio de comunicaciones y avances tecnológicos.

ORGANIGRAMA

FINALIDADES Y ROLES	
FINALIDAD	**ROLES**

Diseño Propio

DESCRIPCION DEL PERIFL DEL PUESTO

Perfil de Cargo	
Estudios Requeridos	Profesional
Experiencia	10 años
Segundo Idioma	Inglés
Área	Administración
Subárea / Proceso	Comercial

Diseño Propio

La Plantilla de Personal.

Cuando se tiene diseñada la estructura organizacional (organigrama, departamentos o áreas y descripciones de puestos), es entonces el momento oportuno para definir la relación de personal con la cual se puede trabajar en la empresa.

Recomendaciones:

- No es necesario tener una persona por departamento, cuando se inicia una empresa una persona puede desempeñar varias funciones, ejemplo: un contador público puede hacer funciones de contabilidad, finanzas, recursos humanos, compras, crédito, entre otras funciones en una empresa pequeña o micro.
- Un buen ingeniero industrial puede hacer funciones de mantenimiento, producción, calidad, recursos humanos, manejo de almacenes, seguridad, entre otras cuando la empresa inicia y es muy pequeña.
- El secreto es definir bien las descripciones de puestos y escoger cuidadosamente al personal, investigue bien los antecedentes de los candidatos, y recuerde "no meter al enemigo en casa".

○ No se recomienda contratar amigos, al menos que sean de una honestidad probada y vertical en su comportamiento. Es mejor contratar a una persona que no se conoce pero su perfil demuestra capacidad y talento, para poder exigirle adecuadamente.

El Manual de Políticas o Normas.

El Manual de Políticas o Normas, es un documento en el cual se redactan las principales políticas o normas de la organización. Se entiende por política empresarial a la forma en la cual la empresa nos establece cómo debemos hacer las cosas, son líneas de acción en la que se define lo ue se considera adecuado.

De esta manera se pueden establecer políticas generales y políticas por áreas, por ejemplo de Administración de Recursos Humanos, de Ventas, de Compras, de Crédito, de Repartos, de Seguridad, de Producción, etc.

Un ejemplo de una Política General, puede ser:

En la empresa todos los trabajadores se deben de manejar de acuerdo a los valores establecidos por la compañía.

Ejemplos de políticas de departamento:

○ Toda persona que se contrate debe firmar un contrato por escrito, se debe inscribir al Instituto Mexicano del Seguro Social e Infonavit, firmará un documento anexo al contrato con las prestaciones que recibirá, se le debe tramitar una tarjeta de débito para pagos de nómina, se le debe integrar su expediente completo, y se le debe dar a firmar su relación de funciones.

○ No se puede autorizar un crédito sin revisar el buró de crédito de la persona física o moral.

○ No se puede dar descuentos mayores al 10% de los precios de lista.

○ El uso del uniforme de trabajo es obligatorio sin excepción.

Manual de Procedimientos.

Es un documento en el cual se presentan las secuencias paso a paso para realizar los principales procedimientos de trabajo de la empresa. En este documento se establecen las normas o estándares de los procedimientos de trabajo.

Los procedimientos se pueden redactar de dos maneras:

○ Como instrucciones descriptivas, ordenadas cronológica y secuencialmente.
○ Por medio de flujo-gramas o diagramas de flujo.

Procedimientos como instrucciones descriptivas, ordenadas cronológica y secuencialmente.

Un ejemplo de esta forma de redactar un procedimiento pudiera ser el procedimiento de atención en una caja de supermercado.

Procedimiento de Atención en una caja de supermercado

1. Saludar al cliente: Buenas días, tardes o noches según el caso.
2. Preguntar: ¿Puedo empezar a cobrar?
3. Empezar a pasar artículos por el lector óptico.
4. Preguntar: ¿Encontró todo lo que buscaba?
5. En caso de negativa preguntar y anotar el artículo no encontrado.
6. Ofrecer la oferta del mes.
7. Preguntar: ¿Es todo lo que se desea le cobre?
8. Preguntar: ¿De qué forma va a pagar?.
9. Cobrarle.
10. Darle su recibo y feria.
11. Ayudar al empacador a embolsar los artículos.
12. Agradecer la compra.

Procedimiento por medio de un flujo-grama.

A continuación se presenta un procedimiento desarrollado por medio de un diagrama de flujo.

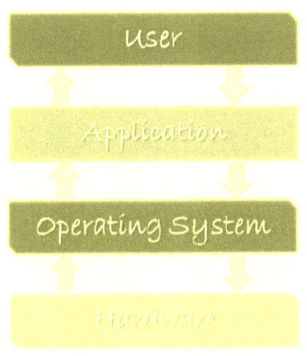

https://pixabay.com/es/equipo-software-de-tecnolog%C3%ADa-640651/

1.3 DIRECCIÓN.

La tercera etapa del proceso administrativo es la dirección.

De acuerdo con Koontz y O'Donnell, dirigir es la función ejecutiva de guiar y vigilar a los subordinados.

Dirigir es hacer que los subordinados cumplan las funciones que se planearon y que se les encomendaron en la organización del trabajo, vigilando el apego a las normas y estándares de calidad de la empresa.

Haciendo una analogía, una empresa sin dirección, es como un barco sin capitán, un restaurante sin cocineros o una iglesia sin padres, ministros o pastores, es decir es pensar que falta la cabeza o autoridad.

La persona que dirige una empresa debe tener mucho cuidado con el manejo del personal, recordar que las personas todos somos diferentes, los seres humanos somos sensibles, por tal motivo debemos cuidar nuestro vocabulario al hablar.

Existen algunos principios de la Administración (Alto Nivel, 2015) básicos para e momento de dirigir, por ejemplo:

Unidad de mando:

El principio de que un subordinado sólo debe tener un superior ante quien es directamente responsable.

División del Trabajo.

El principio de que los trabajos que llevan varias etapas o procesos se deben hacer entre varias personas.

Autoridad:

Los derechos inherentes a una posición gerencial de dar órdenes y esperar que se obedezcan.

Disciplina.

Cada miembro de la organización debe respetar las reglas de la empresa, como también los acuerdo de convivencia de ella.

Orden.

Todos los materiales, equipos, herramientas y personas, así como todas las cosas deben estar en el lugar que les corresponda.

Trabajo Colaborativo.

También denominado, trabajo en equipo, se debe promover el apoyo y trabajo de todos, los logros son de todos, no se puede permitir que alguien esté teniendo problemas en su trabajo y los demás solo lo estén viendo. Debe enseñarse a que los empleados deben interactuar unos de la mano de otros.

https://pixabay.com/es/grupo-personas-miembros-equipo-42917/

Teoría de la Aceptación de la Autoridad.

Existe una teoría denominada "Teoría de la Aceptación de la Autoridad" (Robbins, 2004), en la cual el administrador, ejecutivo estadounidense y estudioso del comportamiento organizacional Chester Barnard, rompe el paradigma relacionado con el hecho de que la obediencia a una orden depende de la persona que la daba, cambiando el enfoque al proponer que la obediencia depende de la interpretación de la orden de la persona que la recibe.

TEORÍA DE LA ACEPTACIÓN DE LA AUTORIDAD

Proviene de la disposición de los subordinados a aceptarla.

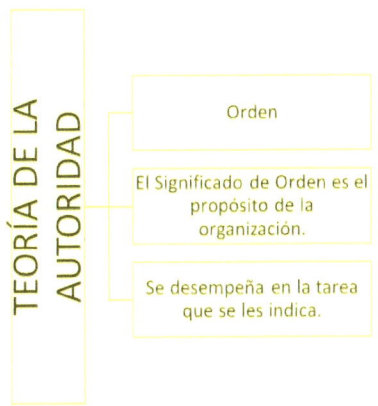

Diseño Propio

Recomendaciones:

o Es conveniente conocer a las personas e identificar los elementos que las motivan.
o Hablarles a los empleados por su nombre de ser posible, no poner apodos, no gritar, no insultar, no utilizar palabras agresivas, se debe ser muy claro con las instrucciones que se dan.

- Si es necesario que la gente se quede más tiempo, recompénseles el tiempo que se quedan con otro tiempo ("tiempo x tiempo"), un día o medio día de descanso por ejemplo. El empleado aborrece al jefe abusivo y ventajoso.
- Al trabajador que haga un esfuerzo importante, hay que reconocérselo, con algún bono, alguna palmadita, alguna mención especial, algún estímulo, etc.
- Verifique que las instrucciones fueron entendidas.
- Utilice un lenguaje sencillo y claro, hable despacio cuando da instrucciones.
- Cuando el empleado hable, usted de favor, guarde silencio, aprendamos a escuchar.
- Practicar el *parafraseo de las instrucciones*, como técnica de comunicación humana, es decir pedir al subordinado que repita la instrucción que se le dio para detectar si hubo desviaciones.
- Ser respetuoso y educado al mandar, no es sinónimo de que las instrucciones no serán obedecidas.
- Si después de dar instrucciones, algún empleado desobedece en forma intencionada, es mejor deshacerse de ese empleado.
- El que dirige debe mandar con el ejemplo, no podemos pedir puntualidad con impuntualidad, no podemos pedir disciplina con indisciplina, etc.

1.4 CONTROL

La última etapa del proceso administrativo (columna vertebral de la Administración), es el control. El control es el conjunto de actividades obligadas a realizar, con la finalidad de garantizar que el estado final de lo realizado se apegue a lo que se planeó.

De acuerdo con Rodríguez (2008) la palabra control tiene vario significados, inclusive tiene varios sentidos: a) verificar, b) regular, c) comparar contra una norma, d) ejercer autoridad sobre algo o alguien, e) limitar o restringir, f) supervisar.

Existen muchas connotaciones de la palabra control, pero para fines administrativos, entendemos como el proceso de control a las acciones de verificar, constatar, palpar, medir, si la actividad, proceso, unidad, elemento o sistema seleccionado está cumpliendo y/o alcanzando o no los resultados que se esperan.

El proceso de control es muy importante, ya que no al no existir podemos pensar que tendremos un "descontrol", algo no deseado en ninguna empresa, ni etapa de la vida.

El proceso de control.

El proceso de control sigue una serie de pasos, tal como lo señala el diagrama siguiente:

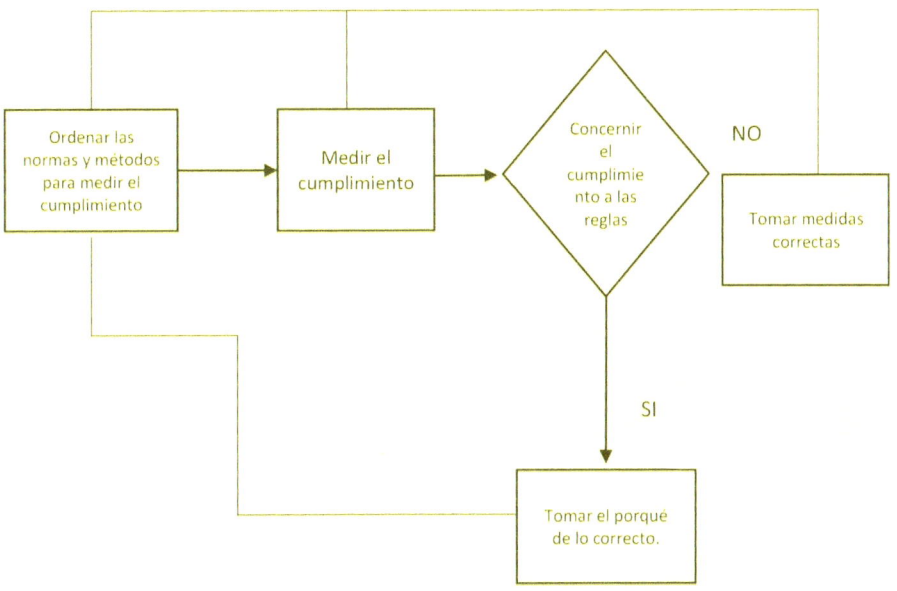

Diseño Propio

a) **Establecer estándares o normas** es definir cómo deberán ser todas las características, incluyendo los detalles más finos de lo que se realizará.

b) **Medición de resultados,** su nombre lo explica en sí, es medir y evaluar cada una de las características y detalles más finos de lo que se realizó.

c) **Comparar**, es enfrentar cada una de las características de los realizado con cada uno de los estándares preestablecidos, e identificar desviaciones.

d) **Acciones correctivas,** es implementar las acciones que sean necesarias que corrijan las desviaciones que se hayan presentado durante la etapa de comparación.

Costos del Control.

Es muy importante no tener un control excesivo, ya que puede elevar los costos (inadecuado en momentos tan competitivos), puede burocratizar los procesos, es decir hacerlos tardados e ineficaces, pero definitivamente debe existir sólo el control estrictamente necesario.

Técnicas de Control.

Existen diferentes técnicas de control dependiendo de los recursos, lo anterior se muestra en la tabla siguiente:

No.	Tipo de Elemento a Supervisar	Técnica de Control Sugerida
1	Recursos Humanos	Medición del Trabajo Evaluación del Desempeño Contabilidad Recursos Humanos
2	Recursos Financieros	Presupuestos Análisis del Punto de Equilibrio Técnicas de Valor Presente Análisis de Costo-Beneficio
3	Recursos Materiales	Control de Inventarios Control de Calidad Programación (Gráficas de Gantt, modelos de Redes).
4	Resultados Departamentales	Supervisión de Objetivos alcanzados vs los objetivos planeados. Supervisión de indicadores pre-establecidos. Técnicas para disminución de riesgos

Diseño Propio

Estas técnicas son utilizadas para mantener un efectivo y completo sistema de control.

1. **Observación personal.** Es una técnica utilizada por todos los niveles gerenciales, es relativamente fácil de emplear.

2. **Los informes o Reportes.** Por lo general son de forma escrita, su finalidad es proporcionar información que sirva de base a una acción correctiva.
   Ejemplo: Reportes de ventas, de asistencia, de puntualidad, de no conformidades, de ventas pérdidas, de faltantes, etc.

3. **Programas de auditoría.**
   Generalmente se manejan tres opciones: la auditoría externa, auditoría interna y la auditoría administrativa.
   La auditoría externa es desarrollada por un despacho de contadores externos que revisan la exactitud de los registros contables.
   La auditoría interna es desarrollada por contadores de la propia empresa y tiene los mismos objetivos que la auditoría externa.
   La auditoría administrativa. Esta revisión la efectúan profesionales con amplio conocimiento de la administración y busca evaluar la actuación administrativa en general.

https://pixabay.com/es/empresarios-personales-escritorio-397680/

Recomendaciones:

○ Para supervisar al personal, es conveniente hacerlo en forma aleatoria, es decir variar los días, las horas, etc. Ya que el empleado se comporta bastante bien cuando sabe que lo observan o conoce los horarios en que lo supervisan.

○ Hacer una guía de los principales controles o reportes que es conveniente pedir a cada una de las áreas de la empresa, ejemplo: Reporte de Ventas, Control de Ingresos Diario, Saldos en Chequeras, Pagos pendientes, Flujo de Efectivo, Control de Vacaciones del personal, etc.

○ Pedir esos controles y revisarlos.

○ Es conveniente recurrir a compradores o visitantes misteriosos que uno mismo puede preparar, para verificar el comportamiento de los empleados en diferentes áreas.

○ Actualmente las cámaras con conexión a internet dan un buen nivel de seguridad y capacidad de observación de los empleados.

https://pixabay.com/es/atenci%C3%B3n-al-cliente-familia-lupa-563967/

CAPÍTULO 2

La Administración de Recursos Humanos

Dr. Javier Chávez Meléndez
M.Ed. Juana María Vázquez Pimienta

CAPITULO 2

ADMINISTRACIÓN DE RECURSOS HUMANOS

2.1   Definición.

Administración de Recursos Humanos es una disciplina que deriva de la Administración general y se encarga de la aplicación del proceso administrativo en el manejo de la gente.

De acuerdo Fernando Arias y Victor Heredia (2006), la Administración de Recursos Humanos es el proceso administrativo aplicado al acrecentamiento y conservación del esfuerzo, las experiencias, la salud, los conocimientos, las habilidades, etc., en beneficio del individuo, de la propia organización y del país en general. De acuerdo a la página "Deconceptos (2015), la Administración de Recursos Humanos es la técnica de organizar el personal que integra una empresa con el fin de reclutarlo, ordenarlo, motivarlo, redistribuirlo y capacitarlo, para mejorar su eficiencia sintiéndose parte del emprendimiento que integra, y que a través de la empresa que es un poco suya, hallará la satisfacción de sus metas personales.

https://pixabay.com/es/gancho-premio-l%C3%ADnea-calidad-hecho-405091/

2.2   Procesos de la Administración de Recursos Humanos.

La Administración de Recursos Humanos se puede estudiar por medio de procesos. Los principales procesos de esta disciplina son:

a)   Elaboración de Descripciones de Puestos de Trabajo.
b)   Reclutamiento de Personal.
c)   Selección de Personal.
d)   Contratación
e)   Administración de las Prestaciones.
f)   Inducción.
g)   Motivación
h)   Capacitación.
i)   Higiene y Seguridad.
j)   Separación del Personal.

1.2   Elaboración de Descripciones de Puestos de Trabajo.

Una Descripción de un Puesto de Trabajo es un documento en el cual se detallan dos aspectos principales:

○   Las funciones de trabajo (por ejemplo: hacer el plan de ventas, realizar la cobranza, elaborar las pólizas de diario, etc.), las responsabilidades (encargado del taller, responsable de equipos de cómputo, etc.), principales reportes que se deben elaborar y las relaciones de un puesto de trabajo (le reporta a Gerente General, por ejemplo).

o Las características del perfil requerido para la persona que ocupará un puesto de trabajo en particular (estudios, sexo, edad, experiencia, dominio de idiomas, etc.).

Estos documentos son importantes ya que cuando una persona deja vacante un puesto, ya se sabe que es lo que debe hacer la persona que la va a cubrir, también ya se sabe qué características de perfil debe tener.

Recomendaciones:

o Se recomienda hacer las Descripciones de Todos los Puestos de Trabajo, aunque sea de forma sencilla y actualizarlos o revisarlos, por lo menos cada dos años, ya que las funciones cambian.

o Se sugiere poner algún función o responsabilidad muy general que incluya algo que pudiese haber escapado cuando se hizo el formato, o que de repente se incorporó a las tareas de ese puesto, por ejemplo: "*Es responsable de realizar cualquier otra función no descrita en este formato, que sea necesaria para la operación de la empresa y que le encomiende su jefe inmediato*".

o Cada vez que se contrate una persona o cambie de puesto, es conveniente darle una copia de la Descripción del Puesto de Trabajo que ocupará.

DATOS GENERALES			
Nombre Departamento	5	General	Tampico, Tamaulipas
NOMBRE DEL PUESTO / CATEGORÍA	**NIVEL**	**No. DE PLAZA**	**ÁREA**
Tampico, Tamaulipas	Jefatura del Departamento de Informática		
DIRECCION	**JEFATURA**		
Tampico, Tamaulipas	1		
PUESTO DEL JEFE INMEDIATO	**NUMERO DE PUESTOS**		
De 7:00 a 15:00 Hrs.	Tampico, Tamaulipas		
HORARIO DE TRABAJO	**REPORTA**		

PROPOSITO GENERAL DEL PUESTO
El objetivo es integrar y coordinar los servicios aplicados en el área de informática. En la organización de un área de informática tiene que contar con el servicio de equipamiento y operación, servicio de comunicaciones y avances tecnológicos.

ORGANIGRAMA

FINALIDADES Y ROLES	
FINALIDAD	**ROLES**

Diseño Propio

2.3   Reclutamiento de Personal.

El proceso de reclutamiento de personal se basa en hacer acopio de currículums o solicitudes de empleo con dos finalidades principales: para cubrir una vacante actual o bien, para tener una bolsa de trabajo para una vacante futura. Es conveniente mencionar que los perfiles solicitados deben apegarse al máximo posible al perfil deseado en el puesto vacante.

El reclutamiento de personal puede hacerse valiéndose de fuentes internas o externas.

https://pixabay.com/es/headhunting-marcada-personal-311354/

a)   Fuentes internas de Reclutamiento.

Las fuentes internas de reclutamiento consisten en obtener los currículos de forma interna de la empresa, por ejemplo: apoyarse en la propia bolsa de trabajo de la empresa, en el propio personal que pueden recomendar personas o bien, recomendados de los dueños o accionistas.

Una de las ventajas de esta forma de reclutar es que se reducen los costos de búsqueda y el número de solicitantes es bajo, pero una de las desventajas es que en ocasiones por ser personas cercanas (amigos o conocidos) no es muy estricto el proceso y resultan no ser las personas adecuadas.

b) Fuentes externas de Reclutamiento.

Son todas las opciones de búsqueda de personas con un perfil adecuado para un puesto vacante; existen muchas, por ejemplo: universidades e instituciones de educación superior en el caso de buscar profesionistas sin experiencia, bolsas de trabajo de cámaras o asociaciones empresariales, bolsas de trabajo en internet, bolsas de trabajo de gobierno como el Servicio Nacional de Empleo, sindicatos, bolsas de trabajo de empresas con las que se tenga un vínculo importante, o bien empleando los medios masivos (periódico, radio, televisión, lonas, espectaculares, internet, etc.).

Dentro de las ventajas con el uso de las fuentes externas de reclutamiento resulta que se puede ser más exigente y preciso al buscar el perfil más idóneo, en comparación con las fuentes internas de reclutamiento, principalmente en el caso de solicitudes de amistades y conocidos, donde no siempre es posible ser muy exigente; desventajas es un poco más costoso y puede implicar más tiempo.

Recomendaciones:

○ Recuerda que estás incorporando a un extraño en la empresa, por lo tanto no dudes en investigar bien sus orígenes y antecedentes, si es necesario, busca un servicio profesional para que chequen sus datos cuando tengas dudas, de lo contrario puede ser que "estés metiendo al enemigo en casa".

○ Una persona que metes a la empresa te cuesta mucho. Cuesta el tiempo de reclutamiento y el tiempo de selección, cuesta el tiempo de capacitación, cuesta el tiempo adaptación y aprendizaje, que es cuando no rinde al 100%, y cuesta también la separación, si no fue la persona correcta, por lo tanto debes esforzarte por reclutar personas idóneas.

○ Cuando se vaya a cubrir una vacante que sea de mucho interés por las necesidades de empleo en la región, si se utilizan los medios masivos de comunicación, busca no ser tan evidente con el nombre de la empresa, por ejemplo se puede poner en el anuncio *"empresa importante del ramo de la construcción solicita gerente de compras"* para evitar demasiados currículums, que sólo te exigirán mucho tiempo de revisión.

○ Tratar de no meter familiares o amigos a la empresa, ya que al exigirles, se pueden perder amigos o romper relaciones familiares.

○ No meter relaciones "amorosas" (novios, novias, etc.) a la empresa, en la mayoría de los casos es un grave error.

2.4   Selección de Personal.

Este proceso consiste en hacer una discriminación o eliminación de los currículums, con la finalidad de poder escoger el idóneo para el puesto.

En el proceso de selección de personal se pueden emplear las siguientes fases:

○ Fase 1. Eliminación No Presencial.
○ Fase 2. Etapa de Exámenes de Idoneidad.
○ Fase 3. Entrevistas.
○ Fase 4. Examen Médico.
○ Fase 5. Decisión.

Fase 1. Eliminación No Presencial. En esta etapa todo el trabajo consiste en comparar cada uno de los requerimientos del puesto a cubrir, con lo que ofrece cada uno de los currículos recibidos. Aquí se eliminan todos los currículos o solicitudes que no cubran con los requisitos de la descripción del puesto.

En esta fase hay que dejar sólo los currículos que realmente cumplen con todos los requisitos.

Es importante ser muy cuidadoso con esta revisión, ya que el problema del desempleo actual es causa de que algunos solicitantes de empleo, envían su solicitud a pesar de no cubrir todos los requisitos del puesto, o bien alterar un poco la información.

Recomendaciones:

○ Revisar detalladamente los datos y checar la autenticidad de los mismos.

○ Cualquier cosa que aparezca como excepción, hay que revisarla bien. Por ejemplo, un título universitario de una universidad que no se conozca, una carta de experiencia de una empresa no conocida y sin teléfono, o bien con un teléfono inexistente, etc.

○ Cualquier aspecto que no suene lógico o que parezca poco probable, es mejor corroborarlo, por ejemplo, que tenga una maestría y sólo tenga 21 años, que tenga 10 años de experiencia laboral y sólo tiene 29 años, que tenga experiencia en ventas y no aparezca en su currículo alguna empresa comercial o de servicios donde haya laborado, etc.

Fase 2. Exámenes de Idoneidad. Tal como su nombre lo indica, en esta etapa se aplican una serie de exámenes, pruebas o tests, todos con un fin muy específico: determinar si la persona cubre los requerimientos del puesto.

Algunas pruebas o exámenes están orientadas a determinar los conocimientos del candidato a empleado (área cognoscitiva), otras pruebas buscan principalmente definir las habilidades motrices (área psicomotriz) y otro tipo de tests nos sirven para valorar las actitudes (área afectiva) del empleado.

Como resultado de la aplicación de los exámenes de idoneidad, se eliminan algunos currículos, dejando sólo los mejores evaluados, para la siguiente etapa que es la de entrevistas.

Recomendaciones:

○ Si se va a contratar personal operario o técnicos de campo (electricistas, grueros, montacarguistas, fierreros, alumineros, mecánicos, plomeros, etc.), y no se dispone de muchos recursos, sólo aplicar pruebas de habilidades (saber hacer).

- Cuando se va a contratar una persona de oficina, que pueda manejar datos confidenciales (chequeras, nóminas, pagos, etc.), se sugiere aplicar pruebas de conocimientos (saber) y exámenes psicológicos (actitudes), para conocer su perfil, ya que se puede contratar una persona con malos hábitos o malas prácticas, hay que reducir los riesgos.
- Si lo que se busca es un puesto de mando, por ejemplo, un administrador, encargado o gerente, es conveniente hacer pruebas de conocimientos (saber), psicométricos y psicológicos (actitudes).
- Para aplicar exámenes psicológicos o psicométricos en necesario recurrir a una empresa que se dedique a la selección de personal o bien con un psicólogo laboral.
- Es conveniente dejar pasar a la fase de entrevistas solo de 3 a 5 aspirantes mejor evaluados, ya que la fase de entrevistas exige tiempo.

Fase 3. Entrevistas.

Las entrevistas son necesarias una vez que se eliminaron algunas solicitudes en las fases no. 1 y 2. Permiten conocer un poco de las características de personalidad del aspirante.

Esta fase de entrevistas se seleccionan aquellas personas que mejor reúnan los requisitos de personalidad del puesto (imagen, facilidad de palabra, motivación, seguridad, proactividad, madurez, interés en el puesto, interés en la compañía, disponibilidad, capacidad de liderazgo, conocimiento del mercado, conocimiento del giro de la empresa, etc.).

De las personas entrevistadas de 3 a 5, dejar sólo los 2 con mejor evaluación de la entrevista para que pasen al examen médico.

Recomendaciones:

- Cuando se entrevistarán a 2 o más candidatos, se sugiere hacer una guía de entrevista con una serie de puntos que se cuestionarán a los interesados en el puesto, es decir un guión de preguntas. Lo anterior permite tener una misma base de comparación, ya que cuando se hacen entrevistas sin guión de preguntas, se podrá tener bases de comparación diferente, lo cual puede hacer todavía más subjetivo el proceso.

○ Tener cuidado con las entrevistas, ya que la mayoría de la gente busca siempre mostrar su mejor cara y de esta forma ocultar o trata de no mostrar aspectos de su personalidad que serían desfavorables para la empresa. Lo anterior nos hace ver que pudiéramos entrevistar a un "buen actor" y eso no sería por lo general de utilidad a la empresa.

○ Si se puede contar con un psicológo(a) experimentado(a), ya que una entrevista con ellos resultaría de gran valor, debido a que en ocasiones sale información valiosa (miedos, fobias, complejos, enojos, inseguridades, mentiras, conductas violentas, etc.), la cual será un problema para la empresa, y que un profesionista formado en áreas diferentes a las ciencias de la conducta no puede detectar.

Fase 4. Examen Médico.

https://pixabay.com/es/siluetas-hombre-los-hombres-231425/

El examen médico es una de las últimas etapas de la selección del personal y como todas las cosas en la vida y en la empresa, tiene sus ventajas y sus desventajas.

Algunas ventajas que tiene el examen médico es que se pueden detectar algunas enfermedades o padecimientos no declarados por el aspirante o que incluso el aspirante no conoce, y que inclusive son muy incapacitantes como la lumbalgia, problemas con la columna, diabetes, colesterol elevado, hipertensión, problemas respiratorios, embarazos, desnutriciones, etc., o bien que son contagiosos como la tuberculosis, hepatitis, enfermedades venéreas, entre muchas otras enfermedades. El detectarlos a tiempo evitará contratar a una persona que ya viene enferma o con problemas incapacitantes, también permite informar a los aspirantes de su estado de salud, si es que lo ignoran, para que inicien su tratamiento si este es el caso.

Otro de los beneficios del examen médico es que nos permite detectar si el aspirante está actualmente empleando algún tipo de estimulante o sustancia prohibida en su organismo, ya que una persona que usa estimulantes o drogas posiblemente no sea el idóneo para nuestra empresa.

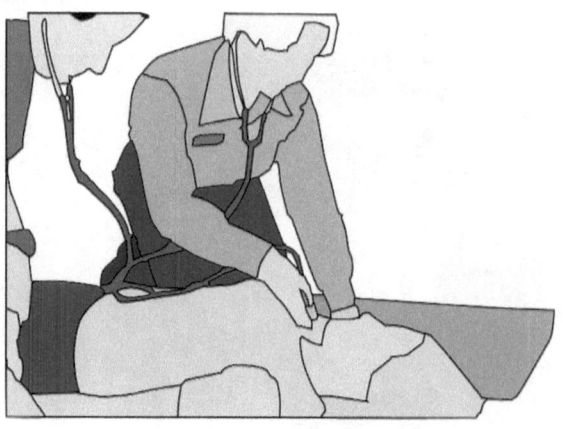

https://pixabay.com/es/estetoscopio-primeros-auxilios-294378/

Entre sus desventajas se tiene las siguientes: a) su costo puede ser elevado, por lo tanto se recomienda sólo aplicarlo a los últimos aspirantes de algún proceso de selección, b) No usar sus resultados públicamente para no contratar a alguien, ya que esta acción puede ser objeto de demandas por discriminación.

Recomendaciones:

- ○ Buscar un médico serio, de preferencia con experiencia laboral, así como una institución médica de prestigio para realizar estos exámenes.
- ○ El médico con experiencia laboral nos indicará qué exámenes son los más recomendables para cada caso.
- ○ Se sugiere que en el caso de los varones aspirantes sean examinados por un médico varón, y en el caso de las mujeres aspirantes a ingresas a la empresa, sea una mujer médico quien las evalúe para evitar problemas obvios.
- ○ Ser cuidadoso en el manejo de los resultados, para evitar posibles demandas.

Fase 5. Decisión. Esta es la etapa final de este proceso en donde en función de los resultados de las entrevistas y del examen médico, se escoge al candidato definitivo a quien posteriormente se le llamará para comunicarle que ha sido el escogido y hacerle una propuesta económica y de prestaciones laborales.

Recomendaciones:

- ○ Si uno de los candidatos evaluados presenta mejores condiciones de salud, posiblemente sería el más recomendable, aunque esta es una decisión del empleador.
- ○ Si los dos o tres candidatos que se enviaron al examen médico, resultasen con problemas de salud, es conveniente llamar al siguiente mejor evaluado en la fase tres, es decir en la etapa de exámenes de idoneidad.
- ○ Si algún candidato que no fue elegido tuviera problemas importantes de salud, será mejor no comunicarle que ese fue el motivo de la no contratación, pero si es importante que sepa que se debe atender su salud.

o Cuando se haga la propuesta económica al candidato ya elegido, es importante ser muy claro y hablar con la verdad de todas las prestaciones y exigencias, por ejemplo el sueldo nominal y el sueldo real ya después de impuestos, las horas de trabajo exigibles en promedio, el sueldo con el que se le dará de alta en el IMSS, la forma en que puede disfrutar de sus vacaciones, permisos, etc.

o De lo contrario se puede caer en un fenómeno de enojo o desmotivación contra la empresa o el empresario, cuando se enteran de algo diferente a lo que se imaginaron o creían, ya que nunca se habló de esos puntos, y por consiguiente se sienten "engañados". Este fenómeno se le denomina "disonancia cognoscitiva".

2.5   La Contratación.

La contratación como proceso de la Administración de Recursos Humanos se distingue por ser la etapa en la cual la persona o personas, pasan de ser simples candidatos a empleados de la organización, es decir su estatus se transforma de personas externas a elementos internos de la compañía con derechos y responsabilidades.

Un contrato laboral es un acuerdo formal de voluntades que se da entre dos partes: la empresa o patrón, y el empleado o trabajador. En este acuerdo ambas partes adquieren derechos y obligaciones.

El patrón adquiere el derecho de tener bajo su mando a un empleado para realizar ciertas actividades, funciones o tareas que previamente se acordaron y directamente relacionadas con el puesto que cubrirá en horarios y días pre-establecidos, a la vez adquiere la obligación de tratarle con respeto y dignidad, ofrecerle condiciones de trabajo adecuadas, pagarle un sueldo y una serie de prestaciones también previamente pactadas, las cuales nunca pueden ser inferiores a lo que establece la Ley Federal del Trabajo para las empresas instaladas en la República Mexicana.

https://pixabay.com/es/reloj-tiempo-calendario-agenda-163200/

Por su parte, el trabajador al firmar un contrato adquiere el compromiso de realizar una serie de tareas, funciones o actividades para la persona o empresa que lo contrató, relacionadas con el puesto que cubrirá, en un domicilio pre-establecido y bajo condiciones de horario y días previamente pactadas, por otro lado adquiere el derecho de recibir un trato adecuado y digno, así como el pago de un sueldo y una serie de prestaciones que también se determinaron de forma previa, lo anterior en condiciones adecuadas del trabajo.

Nota:

En los párrafos anteriores, siempre que se habla de pago se utiliza el concepto de sueldo, sin embargo siendo un poco más exacto, existe diferencia entre sueldo y salario.

La diferencia entre sueldo y salario es la siguiente:

- ○ Sueldo es aquella cantidad fija que se establece como pago quincenal o mensual por hacer ciertos trabajos en días y horarios establecidos, se aplica por lo general a trabajos administrativos, de oficina y a cualquier otro trabajo cuyo pago no varíe, por ejemplo contratar a alguien como Asistente de Gerencia con un sueldo mensual de $ 8,000.00 pesos.
- ○ Salario es aquel pago integrado por horas que puede variar semana tras semana, su característica es que NO es fijo como el

salario, por ejemplo un obrero o ayudante a quien se le contrató por $ 3,000.00 pesos mensuales, más las horas extras, más las comisiones por trabajos terminados, etc., su salario cada semana puede ser diferente, es decir una semana puede ganar $1,890.00 pesos y a la siguiente semana pudiera ganar $ 2,055.00 pesos.

Recomendaciones:

o Cuando un trabajador firma su contrato es conveniente darle una copia del contrato firmado.

o Adicionalmente se le debe otorgar una copia del **Reglamento Interno de Trabajo,** el cual debe firmar como constancia de que lo leyó, lo conoce, está de acuerdo con él mismo y posee una copia de dicho reglamento.

o Es conveniente señalar al nuevo empresario, **la obligación** de depositar una copia del Reglamento Interno de Trabajo en la Junta Local de Conciliación y Arbitraje, presentándolo con un acta firmada por el patrón y representantes de los trabajadores. Lo anterior para poder aplicarlo en caso de violaciones al mismo por parte de algún o algunos trabajadores.

o Si no se presenta en la Junta de Conciliación y Arbitraje, no se podrán aplicar correctivos o sanciones al trabajador porque la Junta no tiene conocimiento del mencionado reglamento interno de trabajo.

2.6   Administración de las Prestaciones.

Se denomina prestación a cualquier entrega o beneficio adicional al sueldo, que se hace a un trabajador en efectivo, en servicios o en especie y que por lo general la autoridad fiscal o SAT (Sistema de Administración Tributaria) autoriza hasta cierto monto como deducible para el pago de impuestos.

En la Ley Federal del Trabajo en México se establece dos tipos de prestaciones:

- o Unas, que son de tipo Obligatorias.
- o Otras que se pueden considerar adicionales o a conveniencia del patrón o empleador.

Prestaciones Obligatorias.

La Ley Federal del Trabajo establece como prestaciones obligatorias más comunes que tenga seguridad social, es decir registrar al trabajador ante el Instituto Mexicano del Seguro Social (IMSS) y hacer sus pagos, registrar al trabajador ante el Instituto Nacional del Fondo para la Vivienda de los Trabajadores (INFONAVIT) y hacer sus pagos, hacer las aportaciones de la AFORE para sus retiro, pagar sus días de descanso, pago de sus vacaciones, pago de la prima vacacional, pago del aguinaldo y pago de utilidades (PTU).

https://pixabay.com/es/seguro-de-casa-proteger-casa-419058/

Dentro de las prestaciones obligatorias es conveniente señalar:

Vacaciones.

Revisar el Artículo 76 de la Ley Federal del Trabajo en México. (Ley Federal del Trabajo-Cámara de Diputados), la cual se puede consultar en:
http://www.diputados.gob.mx/LeyesBiblio/pdf/125.pdf

Prima Vacacional.

Revisar el Artículo 80 de la Ley Federal del Trabajo en México. (Ley Federal del Trabajo-Cámara de Diputados), la cual se puede consultar en:
http://www.diputados.gob.mx/LeyesBiblio/pdf/125.pdf

Aguinaldo.

Revisar Artículo 87 de la Ley Federal del Trabajo en México. (Ley Federal del Trabajo-Cámara de Diputados), la cual se puede consultar en:
http://www.diputados.gob.mx/LeyesBiblio/pdf/125.pdf

Pago de Utilidades (PTU).

Revisar el Capítulo VIII, Artículos 117 al 131 de la Ley Federal del Trabajo en México. (Ley Federal del Trabajo-Cámara de Diputados), la cual se puede consultar en:
http://www.diputados.gob.mx/LeyesBiblio/pdf/125.pdf

Prestaciones Adicionales.

Prestaciones adicionales son aquellas que la Ley Federal del Trabajo en México no establece como obligatorias, sin embargo para algunas empresas es importante ofrecer alguna o algunas de ellas dentro del paquete de beneficios que proporcionan a sus trabajadores.

Algunas de estas prestaciones son: seguro de vida, seguro de gastos médicos mayores, vales de despensa o pago de despensa, pago de pasajes, transporte colectivo al trabajo, servicio de comedor, pago de becas de estudios, pago de gasolina, fondo de ahorro, pago de útiles escolares, lavado de ropa, etc., etc.

Recomendaciones:

○ En todo lo relacionado con prestaciones se sugiere apegarse a lo establecido por la Ley Federal del Trabajo en México para evitar demandas laborales.
○ Dejar evidencias documentales del pago de todas las prestaciones, por ejemplo una copia del documento firmado por los trabajadores donde se pague cada una de estas prestaciones (vacaciones, prima vacacional, etc.).

○ Las prestaciones laborales NO son negociables.
○ Mucha seriedad con el registro de los trabajadores ante el IMSS, por las implicaciones.

2.7 Inducción Laboral.

Podríamos definir a la inducción laboral como el proceso de acompañamiento del trabajador en su etapa inicial, con la finalidad de reducir los tiempos y costos en que el trabajador se vuelve productivo e independiente.

Al llegar un trabajador nuevo a una empresa desconoce muchas cosas de la empresa, de su personal, de sus departamentos, productos, servicios, de sus procedimientos, políticas, reglas, sistemas de trabajo, etc.

Por lo antes descrito es conveniente diseñar un programa de inducción o capacitación inicial del trabajador. En este programa se deben incluir todos aquellos aspectos que son importantes que el nuevo empleado conozca de forma rápida y ordenada.

Formas de implementar la inducción.

Existen diferentes estrategias de llevar a cabo la inducción laboral para un nuevo trabajador, todas varían en función de las capacidades, experiencia, recursos y necesidades propias de cada empresa.

Entre otras formas de llevar manos a la obra la inducción, se puede mencionar las estrategias siguientes:

○ Acompañamiento por una persona de experiencia en la empresa (ángel guardián)
○ Asignarle un coach, persona para resolver dudas y aconsejar.
○ Curso tipo conferencia.
○ Elaboración de manual impreso.
○ Elaboración de un video.
○ Material electrónico en la red interna de la empresa (intranet).
○ Taller práctico.
○ Estancia en otra empresa filial.
○ Etc.

Aspectos más comunes en un programa de inducción.

a) Recorrido por las instalaciones. Conocimiento de áreas.

b) Presentación del personal con el que tendrá relación directa (superiores, colaboradores horizontales, subordinados, etc.)

c) Presentación del organigrama.

d) Entrega de su descripción de puestos.

e) Entrega de manuales que empleará (De organización, de Procedimientos, de Políticas, etc.).

f) Capacitación de sus funciones, reportes, planes, etc.

g) Capacitación en los sistemas de trabajo propios de la empresa.

h) Capacitación de seguridad propia de la empresa (uniformes, equipos, procedimientos, guías, señales, etc.).

i) Conocimiento de los equipos, herramientas, etc., que empleará.

j) Conocimiento del manejo de las prestaciones.

k) Explicación de uniformes, horarios, entradas, salidas, horarios de comida, días de descanso, áreas de estacionamiento, baños, etc.

l) Presentación de principales proveedores, en caso necesario.

m) Presentación de principales clientes, en caso necesario.

n) Etc.

2.8   La Motivación Laboral.

Para algunos autores la motivación es el esfuerzo importante que imprime una persona a lo que hace, con la finalidad de poder alcanzar algo en la vida.

De acuerdo con lo antes descrito, un estudiante que pone mucho entusiasmo por aprender y hacer muy bien sus tareas y actividades escolares se puede decir que está motivado, si no le importa que las condiciones le sean adversas (malos maestros, escuelas con pocos recursos, limitaciones económicas, etc.). Ese alumno a pesar de todo pondrá todo su esfuerzo en el estudio y aprenderá.

Explican los especialistas de la motivación (psicólogos), que para poner ese esfuerzo importante en lo que se hace, debe existir una razón o motivo, lo cual es el origen de la palabra motivación.

Volviendo al ejemplo del estudiante, este podría tener como razones o motivos de su esfuerzo en la escuela, los siguientes: salir adelante en la vida, apoyar a su familia actual, apoyar a su familia futura, tener un buen empleo, poder tener un mejor nivel de vida, etc., etc.

Cada persona trae sus propios motivos o razones para poner ese esfuerzo importante en algo, el problema resulta cuando una persona no encuentra esos motivos para esforzarse y se desmotiva.

https://pixabay.com/es/motivaci%C3%B3n-%C3%A9xito-pulgar-exitosa-721827/

De igual forma que en el ejemplo del estudiante, es importante que el trabajador tenga motivos para imprimir ese esfuerzo importante en lo que haga, ya que de esta manera pondrá un esfuerzo importante en sus actividades dentro de la empresa.

Motivación Interna o Externa.

La motivación puede ser interna (implícita) o externa (explícita).

La motivación interna o implícita es aquella que el trabajador trae por sí mismo, como parte de su personalidad, es posiblemente la más importante de los dos tipos de motivación. La motivación interna corresponda a la del chico jugador de futbol que no importa que ande descalzo de todas formas ama y goza al jugar futbol.

La motivación explícita o externa es la que se produce por algunos elementos externos, tales como el sueldo, las condiciones de trabajo, el nombre y prestigio de la empresa, las prestaciones, etc.

Esta motivación es más compleja, ya que al principio algo puede motivar y con el tiempo volverse algo obligado y no motivar. Por ejemplo: cuando una persona entra en una empresa y le pagan un fondo de ahorro, puede ser que eso lo motive, sin embargo al paso del tiempo, puede ser que lo vea como obligación del patrón dárselos.

Pensar un elemento motivador único es muy difícil ya que todas las personas o empleados somos diferentes.

Recomendaciones:

○ Investigar a bien a la persona que se contrate, no sea que contratemos una persona muy sobrada para un puesto y pronto se desmotive.
○ Tratar bien al trabajador. Recuerda a todos nos gustan que nos traten bien.
○ Preocuparse por sus prestaciones (pagos, jornadas, descansos, vacaciones, etc.)
○ Escucharlo.

- o Preocuparse por su seguridad (Pláticas sobre enfermedades, campañas médicas, etc.).
- o Cumplir con sus pagos.
- o Dar oportunidad de crecimiento en la empresa, cuando esta exista.
- o Tratar que el trabajo no se muy monótono. Que tenga variedad en sus tareas.
- o Dar oportunidad al trabajador de opinar.
- o Conocer al trabajador en la medida de lo posible.
- o Hacer eventos de integración con el personal.
- o Hacer eventos familiares.
- o Darles pláticas motivacionales y de reflexión. Es necesario que se den cuenta de su importancia para la empresa.
- o Preocuparse por ellos y ayudarles en la medida de lo posible a vivir mejor (pláticas sobre presupuesto familiar, cuidado de la salud, prácticas de deportes, importancia de la familia, etc.).
- o Tener instalaciones adecuadas (baños, cocinetas, estacionamientos, etc.).

2.9   La Capacitación.

La capacitación es un aspecto muy remoto, las antiguas civilizaciones tenían aprendices que eran guerreros que estaban en proceso de capacitación.

Hay autores que entienden a la capacitación como un modelo de educación, pero en el ámbito de la empresa y por lo tanto la consideran como un proceso que requiere de diferentes elementos para su adecuada implementación, para este fin Siliceo (2003) ofrece la definición siguiente:

"Capacitación es una actividad planeada y basada en necesidades reales de una empresa u organización, la cual está orientada hacia un cambio en los conocimientos, habilidades y actitudes del colaborador".

La capacitación como dice la definición anterior debe proporcionar o facilitar:

a) Conocimientos para que el trabajador "sepa", dirigidos al lado cognitivo del cerebro humano.
b) Habilidades, para que el trabajador "pueda", orientados al lado psicomotriz del cerebro.
c) Actitudes, para que el trabajador "quiera", que buscan el lado afectivo de la persona.

La capacitación es una obligación que debe dar la empresa al trabajador, su marco legal se sustenta en los artículos 123 de la Constitución Mexicana y en los artículo 153 A, 153 B, 153 C, hasta el 153 X, de la Ley Federal del Trabajo en México.

https://pixabay.com/es/sala-de-conferencias-mesa-oficina-768441/

Capacitación Estratégica.

Se denomina capacitación estratégica a aquella en la cual todas las acciones o eventos de capacitación se alinean con los objetivos estratégicos de la empresa.

Por ejemplo, si el departamento de ventas de una empresa solicita capacitación para que sus vendedores exploten las operaciones comerciales con el uso de las redes sociales, es muy probable que esta capacitación esté alineada con los objetivos estratégicos de la empresa, ya que todas las empresas comerciales están orientadas en incrementar y mejorar sus ventas.

Pero sin lugar a dudas, si se revisa el plan estratégico de la empresa y entre sus objetivos está el de incrementar las ventas, pues la capacitación solicitada apoyará en el alcance de dicho objetivo, habrá que ver si se dispone de presupuesto para la misma.

Sin embargo, si en la misma empresa se solicita un evento de capacitación orientado a aprender el software Hoja de Cálculo M.S. Excel, habrá que revisar cuidadosamente si esa capacitación está alineada a algún objetivo estratégico, es decir apoya en el alcance del mismo.

Se sugiere el modelo de siguiente empleado por muchas empresas:

- Detección de necesidades de capacitación.
- Establecer un presupuesto de capacitación, es decir la cantidad de dinero que se puede invertir en acciones de capacitación.
- Priorizar las necesidades de capacitación para establecer prioridades, es decir que capacitación es la más benéfica o urgente.
- Revisar que toda acción de capacitación tenga un efecto en el plan estratégico de la empresa.
- Planear adecuadamente los eventos de capacitación.
- Aplicar el presupuesto y buscar las mejores opciones en capacitadores.

https://pixabay.com/es/hombre-mujer-empresarios-econom%C3%ADa-76202/

Recomendaciones:

○ Si establece un presupuesto, siempre tiene un tope y nunca gastará de más en capacitación, ni en ningún otro concepto.

○ Muchas empresas menosprecian la capacitación, pero en muchos casos la capacitación pueda ser la diferencia entre una empresa y otra.

○ Una vez que se capacitó al personal, verifique que la capacitación realmente se aplique, ya que es tentador para el empleado, volver a caer en las prácticas anteriores, haciendo a un lado lo nuevo aprendido.

○ La capacitación en eventos de mejora del servicio, reforzada con acciones de motivación, puede traer buenos resultados a la empresa.

○ Si su empresa da algún servicio o atención al público, vale la pena emplear técnicas como la denominada del "cliente misterioso", para verificar la forma de operar de nuestros empleados y por ende, las necesidades de capacitación en servicio.

○ Siempre vea la capacitación como una inversión, es decir antes de implementarla busque los resultados que le traerá a la empresa esa acción.

2.10   Higiene y Seguridad.

La higiene y seguridad son dos aspectos que maneja un área que comúnmente se denomina Relaciones Industriales.

Las Relaciones Industriales y la Administración de Recursos Humanos son temas muy paralelos, en ocasiones los departamentos con estos nombres ejercen prácticamente las mismas funciones. Sin embargo algunos temas adicionales del área de Relaciones Industriales, pueden ser:

a) Higiene y Seguridad Laboral
b) Manejo de Relaciones Laborales
c) Comunicaciones y Manejo de Relaciones Públicas.

a) Higiene y Seguridad Laboral.

En el apartado de higiene y seguridad laboral es importante mantener las áreas de trabajo limpias y seguras, además es requisito indispensable mantener todas las áreas, procesos, procedimientos, equipos y acciones en la empresa libres de riesgos que atenten contra la salud física, mental y psicológica del trabajador.

Este es un campo muy amplio que requiere la consulta de otros libros especializados en el área o bien de la asesoría de un experto en higiene y seguridad laboral.

Lo anterior debido a que es necesario establecer mecanismos y procedimientos en la empresa que eviten los riesgos de afectar la salud tanto física, como mental y psicológica del empleado, hay que evitar enfermedades laborales y accidentes de trabajo, y son diversos los puntos que se deben de tomar en consideración.

Recordar que involucra aspectos desde capacitación y manejo de equipos, establecimiento de procedimientos, instalación de elementos y equipos para prevención de daños físicos, mentales o psicológicos, atención médica oportuna, señalamientos, reducción de contaminantes del aire, de la tierra, del agua, iluminación, ventilación, ruidos, etc., incluye además la redacción de manuales y establecimiento de brigadas y comités relacionados con la higiene y seguridad laboral, implica el conocimiento de normas y especificaciones amplias que son difíciles señalar en un libro de estas características.

Recomendaciones:

○ Buscar la asesoría especializada en este tema de Higiene y Seguridad Laboral. Hay especialistas reconocidos en estas áreas que serán de gran utilidad a la empresa, sobre todo si es de giro industrial, si maneja equipos o procesos con riesgo moderado o alto.

○ No dejar pasar de lado esta recomendación, ya que dañar a un trabajador por ignorancia o negligencia, no reduce en loa más mínimo las acciones legales en contra de la empresa, las cuales pueden acabar con una empresa pequeña o incipiente.

- ○ No escatimar recursos en esta área, recordar que en aspectos de salud y vida de personas, tal como dice ese viejo y conocido refrán: " es mejor prevenir que lamentar".
- ○ Recordar que el dueño es responsable solidario, junto con el representante legal ante cualquier autoridad.

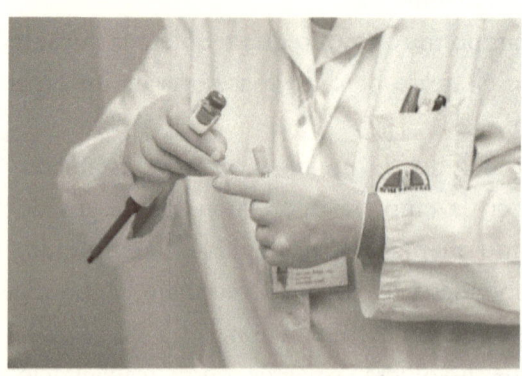

https://pixabay.com/es/m%C3%A9dico-hospital-laboratorio-m%C3%A9dica-563425/

b) Manejo de Relaciones Laborales.

En este apartado se incluyen las relaciones con los sindicatos, si es que existen, así como las relaciones con las autoridades correspondientes, tales como personal del IMSS, personal del INFONAVIT, personal de las AFORES, personal de la Secretaría del Trabajo y Previsión Social, personal de Protección Civil local, personal de la Secretaría de Salud, de la COEPRIS, personal del Ayuntamiento local, entre otras autoridades.

Recomendaciones:

- ○ Mantener una situación de respeto y amabilidad ante todas las autoridades y sindicatos.
- ○ En relación a los sindicatos evitar los pleitos o situaciones que puedan poner en riesgo la operación de la empresa.
- ○ Buscar relaciones del tipo ganar-ganar. Que en toda negociación la gente afiliada al sindicato obtenga un logro y la empresa también.

o Cumplir los compromisos con los sindicatos.
o En relación a las autoridades, investigar la normatividad que establecen cada una de las autoridades y CUMPLIR con cada una de estas normatividades.
o Dar buen trato a los trabajadores.
o Tener un calendario de compromisos con estas autoridades y ser profesionales en su cumplimiento.
o Evitar entrar en discusiones estériles con las autoridades, ya que ellos tienen por lo general el control de la situación.

c) Comunicaciones y manejo de Relaciones Públicas.
Al igual que las demás áreas o funciones de la empresa, las comunicaciones y Relaciones Públicas mantienen un aspecto vital en la vida de la empresa.

Los seres humanos nos distinguimos y nos podemos poner de acuerdo por medio de la comunicación. Por tal razón es vital que el encargado de esta área identifique los públicos con los cuales se relaciona su empresa y mantenga informados correctamente a todos sus públicos.

Entre los principales públicos de una empresa están:

o Los empleados o clientes internos.
o Los clientes externos.
o Los proveedores.
o Los distribuidores.
o Las autoridades.
o El gobierno.
o El público en general.
o Los medios de comunicación.
o Otras empresas, no competidores.

Todos los públicos son importantes, posiblemente algunos más que otros, sin embargo es necesario mantener un buen nivel de comunicación con todos.

No comunicar puede dar origen a los chismes. Comunicar en exceso puede distraer demasiado u hacer perder tiempo. Por tal razón hay que hacer los comunicados justos y con una redacción adecuada.

https://pixabay.com/es/inicio-negocio-personas-estudiantes-849805/

Recomendaciones:

○ Recordar que antes de un comunicado se debe tener bien claro cuál será el mensaje, ejemplo: agradecer, comunicar, advertir, solicitar, invitar, llamar la atención, etc.

○ Identificar bien el público al que va destinado: obreros, madres de familia, profesionistas, políticos, abogados, etc.

○ Si se tiene duda en la redacción de algún comunicado, es conveniente hacer una prueba piloto de los mismos, es decir redactarlo y pasarlo a alguien con características muy similares a la del público destino, con la finalidad de que evalúe los mensajes y en caso de problemas,hagan los señalamientos pertinentes.

○ Redactar el mensaje con mucho cuidado. Revisarlo varias veces antes de enviarlo. Recordar que en comunicados escritos no hay efectos de reversa, es decir "lo que se dijo, se dijo".

○ Posteriormente buscar el medio adecuado para el mensaje, el cual depende del público destino: correo de internet, paquetería, circular en tablero, periódico, televisión, radio, lonas, etc.

○ Al personal hay que mantenerlo con comunicados oportunos, de preferencia formales (por escrito y oficiales de la empresa), con la finalidad de romper la posibilidad de rumores y chismes.

○ A todos los demás públicos hay que mantenerlos también comunicados, buscando mucho cuidar la imagen de la empresa.

○ Hay que buscar siempre mantener una relación de cordialidad con todos los públicos.

○ Hay que estar al pendiente de puntos sensibles como felicitaciones, agradecimientos, solicitudes, fechas de término de algunos eventos, invitaciones, siniestros, amenazas, etc.

○ Si se tienen dudas al respecto, consultar a un especialista Relaciones Públicas.

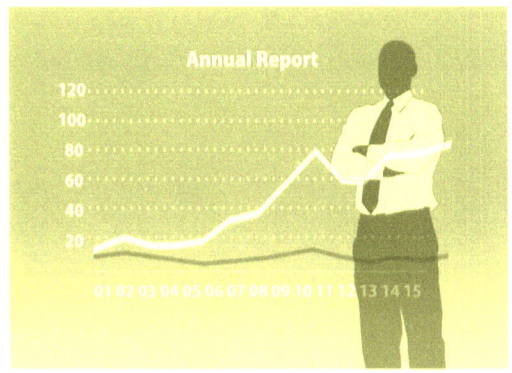

https://pixabay.com/es/siluetas-empresarios-hombre-mujer-816486/

2.11   Procesos de Salida.

Se denominan procesos de salida a todos aquellos eventos por medio de los cuales el trabajador deja de pertenecer a la empresa. Dentro de estos procesos se pueden mencionar:

a) **La renuncia**
b) **El despido justificado.**
c) **El despido injustificado.**
d) **La incapacidad por enfermedad o accidente.**

e) **La pensión por cesantía o vejez.**

f) **La muerte.**

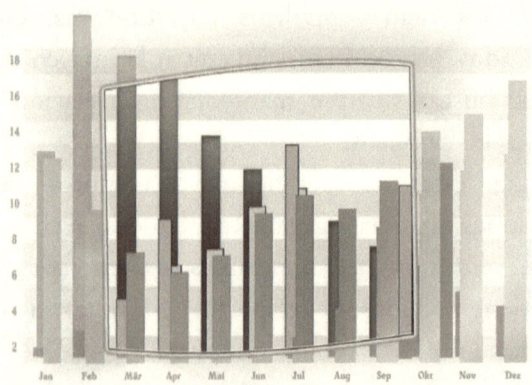

https://pixabay.com/es/estad%C3%ADsticas-transparencia-empresa-90357/

a) **La renuncia.**

Este proceso de presenta cuando el trabajador por cuenta propia o por así convenir a sus intereses, decide dejar de laborar en la empresa.

Cuando un empleado se separa voluntariamente de su trabajo se le debe preparar un **Finiquito.Aquí se pueden presentar dos casos:**

a.1 Que el trabajador tenga menos de 15 años de antigüedad. En este caso se debe incluir el pago de los salarios devengados, el pago del aguinaldo proporcional, el pago de las vacaciones proporcionales, el pago de la prima vacacional proporcional, y el pago de las utilidades en el momento correspondiente al pago de las mismas.

a.2 Que el trabajador tenga 15 años o más de antigüedad. En esta situación se debe incluir el pago de los salarios devengados, el pago del aguinaldo proporcional, el pago de las vacaciones proporcionales, el pago de la prima vacacional proporcional, el pago de las utilidades en el momento correspondiente al pago de las mismas y el pago de la prima de antigüedad, la cual se calcula a razón de 12 días de salario por año, con un tope de 2 salarios mínimos mensuales de la zona.

Recomendaciones:

- Se recomienda consultar con un abogado de confianza, con experiencia en el área laboral para todos los caso de separación de empleados.
- Es necesario que en el caso de la renuncia se firme el finiquito y se firme un formato de renuncia, poniendo la huella digital del trabajador con tinta y anexando una copia de su comprobante de identificación.
- Todos los expedientes, producto de salidas de personal, es conveniente notificarlos a la Junta Local de Conciliación y Arbitraje del lugar, por posibles demandas.
- Hay muchas empresas y empleadores que antes de iniciar a laborar, obligan al empleado a firmar una renuncia sin fecha, lo anterior de manera personal, lo consideramos un proceso poco ético, poco profesional, ventajoso e injusto. No creemos que se puedan esperar resultados justos en nada con estrategias injustas.

b) El despido Justificado, y   c) El despido injustificado.

- La ley Federal del Trabajo está diseñada para proteger al trabajador, por tal razón irse a un juicio laboral es un proceso desgastante en tiempo y en dinero, y se aconseja una vez más, buscar la asesoría profesional de un buen abogado con experiencia laboral y reconocimiento en la zona, antes de iniciar cualquier proceso de renuncia o despido justificado o injustificadode algún empleado.
- Se recomienda no dejarse llevar por la ira o el enojo que produce una falta, discusión o problema en que haya incurrido un empleado, siempre buscar la asesoría experta y profesional.
- El costo de los honorarios de un buen abogado laboral para una asesoría, no se comparan con los costos y desgastes que produce un juicio por demanda laboral. Y la cual al final de cuentas, puede ser a favor del trabajador.

- Una vez más, se recomienda NUNCA abusar de la ignorancia del trabajador, lo anterior sería un proceso injusto, al trabajador hay que pagarle lo justo, que es lo que establece la Ley Federal del Trabajo en México y que un buen abogado honesto y ético les debe recomendar.

- Adicionalmente no emplear la amenaza o coerción como herramienta para forzar a que el trabajador firme una separación por condiciones menores a las justas. Recordar: las acciones injustas, sólo les traerán resultados injustos también para ustedes como patrones.

d) Pensión por incapacidad,e) Pensión por Cesantía y Vejez,f) Muerte: Pensión de Viudez y Orfandad,

En estos casos de salida del trabajador por incapacidad relacionada con enfermedad o accidente de trabajo, salida del trabajador por haber llegado a la edad que establece el IMSS para ser pensionados o bien por la muerte del trabajador, se sugiere:

Remitirse de manera estricta a lo que establece la Ley del IMSS y dirigirse a las oficinas del IMSS más cercanas a su empresa.

También su abogado experto en cuestiones laborales le podrá asesorar de forma adecuada.

Para consulta de la Ley del IMMS pueden hacerlo en la siguiente dirección electrónica:

http://www.diputados.gob.mx/LeyesBiblio/pdf/92.pdf

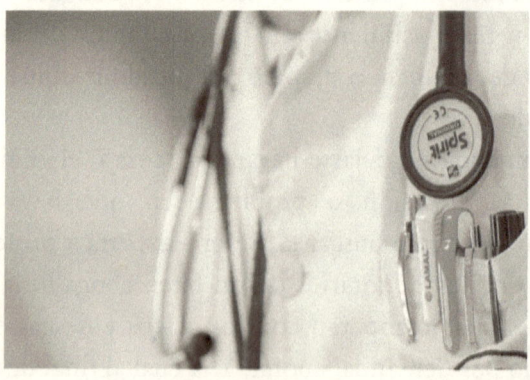

https://pixabay.com/es/m%C3%A9dico-m%C3%A9dica-medicina-de-salud-563428/

Recomendaciones:

- Siempre que contrate un trabajador, de inmediato hay que darlo de alta en el IMSS, ya que un accidente laboral de este empleado si está fuera del IMSS puede traerle gastos y problemas muy serios, a usted y a su empresa.

- Es muy común que muchas empresas en México den de alta a sus trabajadores en el IMSS con un sueldo menor al real, esta acción evita pagar las cuota impositivas del IMSS de manera completa, ya que son un costo fijo importante para las empresas

- En caso de no poder reportar ante el IMSS el sueldo correcto de sus empleados,por afectar las finanzas de una empresa pequeña o en crecimiento, se sugiere diseñar una estructura de sueldo integrado, formada por el mayor número de prestaciones deducibles, para estobuscar el consejo de un contador con experiencia laboral, de forma tal que el sueldo que se reporte al IMSS sea el más cercano al real.

- Entre más cerca esté el sueldo real del trabajador al sueldoreportado ante el IMSS, es mejor para el trabajador, para la empresa y para usted.

- Recordar aquel viejo refrán que dice: "lo que bien empieza, bien acaba", si quiere terminar bien trate de ajustarse en todo a lo correcto.

Referencias.

Alto Nivel. (2015). 14 Principios de Fayol para la Administración Eficiente se puede consultar en: http://www.altonivel.com.mx/19059-los-14-principios-de-henry-fayol-para-una-administracion-eficiente.html

Arias, Fernando y Heredia, Víctor. (2006). *Administración de Recursos Humanos para el Alto Desempeño*. México: Trillas.

Chiavenato, I.(2002). *Introducción a la Teoría General de la Administración*. Quina Edición. Colombia: Mc Graw Hill.

De conceptos. Com.(2015). *Concepto de Administración de Recursos Humanos* se puede consultar en: http://deconceptos.com/ciencias-juridicas/administracion-de-recursos-humanos.

Kontz, Harold; O'Donell, Cyril y Weihrich, Heinz. (1994). *Administración*. Octava Edición. Mc Graw Hill: México

Mintzberg, Henry; Quinn, James; Voyer, John (1997). *El Proceso Estratégico*. Prentice hall, México.

Robbins, S. (2004). *Comportamiento Organizacional*. Décima Edición. México: Prentice Hall, Inc.

Robbins, S., & Coulter, M. (2004). *Administración*. Sexta Edición. México: Pearson – Prentice Hall

Rodríguez, J. (2010). *Auditoría Administrativa*. Novena Edición. México: Editorial Trillas.

Theodinstitute. (2015). Comportamiento y desarrollo organizacional se puede consultar en http://www.theodinstitute.org/joomla/que-dicen-los-expertos-en-empresas-y-do/10-autores/57-fayol-henry.html

CAPÍTULO 3

La Negociación

C.Dr. José de Jesús Guerrero Rodríguez
Dra. Nora Hilda González Durán

CAPÍTULO 3

La Negociación

Hemos visto los planes de estudio de las carreras de Ingeniería en casi todas sus ramas: Civil, Industrial, Computación, Mecánica, etc. y en todos hay un conjunto de asignaturas que propician que el alumno *sepa* y *pueda* hacer un trabajo "técnico". Esto es bueno, pero no es suficiente. Se le enseña al alumno a realizar todos los requerimientos técnicos para construir una casa-habitación, a definir todos los diagramas de flujo y plataformas computacionales para la aplicación de inventarios, por mencionar solo dos cuestiones. Pero no se les enseña a que esos trabajos "técnicos", alguien se los compre.

Lo anterior significa que con los actuales planes de estudios de las ingenierías, los alumnos aprenden, y en el plano más positivo, aprenden bien a ejecutar un trabajo "técnico", pero en ningún caso se les enseña a *conseguir* ese trabajo. Entonces soy capaz de diseñar y construir un casa-habitación, pero soy incapaz de hacer que alguien me la compre. Soy capaz de diseñar y programar una aplicación de inventarios, pero soy incapaz de lograr que alguien la compre. Los alumnos son capaces de hacer muchas cosas pero, que no saben quién las necesita ni cuál es su valor en el mercado. Esto es catastrófico. Que un alumno sepa hacer muchas cosas que están despegadas de la realidad es muy lamentable.

¿Cómo hacer para que una persona me compre algo que yo diseñé, algo que yo fabriqué, algo que yo programé? *Bueno, es que yo soy ingeniero, no soy un vendedor.* Esta afirmación nos muestra no una miopía, sino una ceguera total. Hay que ser capaz de visualizar el fin último de nuestro trabajo y sobre todo que dicho trabajo a alguien le haga falta o a alguien le guste. Si el trabajo que realizamos a nadie le gusta o a nadie le hace falta, ¿para qué lo hacemos? ¿Para ganarnos un diploma? ¿Para poner ese producto en un nicho y prenderle veladoras? Claro que no. Lo que hacemos debe de poder venderse. Venderse. Venderse.

Ser vendedor no es una actividad propia de los ingenieros, por supuesto que no. Es una actividad propia de todas las carreras. Todos debemos ser capaces de vender. Todos. Absolutamente todos. Pero para poder vender, debemos saber cómo negociar. Cómo decía Chester Karrass, gurú de la negociación, *Nadie tiene lo que se merece, pero todo mundo obtiene lo que es capaz de negociar.* (1)

Negociar es el nombre del juego. En un mundo actual tan competitivo, donde la rivales se multiplican, donde los clientes exigen más y más, y los cambios son cada vez más frecuentes, no es necesario saber negociar, es indispensable el saber hacerlo. Y esto aplica también para los ingenieros.

3.1.   Conceptos esenciales.

Primero habremos de definir que es la negociación. Muchos podrán decir que equivale a "echar un rollo" o a "tirar un buen verbo". Nada más equivocado. Negociar no equivale a ser un merolico. Negociar es una actividad racional, inteligente y sobre todo, ética. La negociación no es improvisada, es planeada. Se basa en la información y no mucho en la intuición. La negociación es una actividad que se debe de preparar con anticipación y que se debe de ejecutar con precisión.

Definición de Negociación.

La negociación es un proceso de interacción, en donde las partes involucradas, a través de mecanismos de persuasión e influencia, son capaces de llegar a acuerdos que los satisfagan de manera equitativa. (2).

Esta definición es amplia y la discutiremos parte por parte:

Es un proceso de interacción, significa que estaremos en contacto con otra parte, que tendremos que *comunicarnos* con personas, que es una actividad dinámica donde el contacto es muy importante y deberemos de cuidar las formas de comunicación, tanto verbales como no-verbales.

A través de mecanismos de influencia y persuasión, implica que cada parte va a poner todo su saber y experiencia en juego para tratar a convencer a la otra a que haga lo que la primera desea. Es decir hay que tener la capacidad de convencer al otro de que lo que yo le propongo es benéfico y justo para ambos.

Llegar a acuerdos que los satisfagan de forma equitativa, quiere decir que negociar no es destruir a la otra parte, no significa que lo vamos a derrotar, no se trata de vencerlo sino de convencerlo, pero de manera ética. Una buena negociación, por definición, deja a ambas partes satisfechas. Si yo "gano" una negociación, pero que gané un enemigo, no se puede decir que fue una negociación exitosa, ni mucho menos. Ambas partes deben de quedar si no al 100% satisfechas, si en una gran medida.

De acuerdo con esto, negociar implica un gran trabajo, que requiere de ciertas habilidades por parte del negociador. Estas habilidades se pueden dividir en dos categorías: Analíticas y Comunicativas.

Habilidades Analíticas.

Son aquellas que se refieren a las capacidades intelectuales que debe de tener el negociador para esta actividad. Entre estas podemos mencionar las siguientes:

Obtener información.

Vamos a ver más adelante que la información juega un papel primordial en la negociación, por lo tanto un buen negociador debe de ser capaz de obtener toda la información que se requiera para una buena negociación. Esto significa que el negociador debe de saber cómo investigar.

Empatía.

Esta habilidad se refiere al saber pensar como la haría la otra parte. Es decir, es el "ponerse en los zapatos del otro". Entender a los demás, poniéndose en su lugar, es una habilidad muy importante que debe de poseer el negociador.

Planeación.

Esta habilidad analítica implica que el negociador no puede improvisar, aun mas, no debe improvisar. Se deben de fijar los objetivos, las metas, las estrategias y las prioridades por anticipado. El negociador debe de planear, de preparar su negociación, y jamás debe de "hacer las cosas sobre la marcha". Mientras mejor planeemos la negociación, mejores cosas podremos obtener de ella.

Innovación.

La innovación es hacer cosas distintas, diferentes, de preferencia únicas. Si somos capaces de sorprender a nuestro oponente con alternativas innovadoras, con opciones diferentes, seguramente podremos lograr nuestras metas de manera más simple. Si nos limitamos a "regatear" como lo haría cualquier merolico, obtendremos solo migajas.(3).

https://pixabay.com/static/uploads/photo/2014/12/08/21/25/business-561387_640.jpg

Habilidades comunicativas.

En definitiva, un negociador debe de ser, para comenzar, un excelente comunicador. Entre las habilidades comunicativas que debe de poseer el negociador están las siguientes:

Saber escuchar.

Recordemos que Dios nos dio una boca para hablar menos y dos oídos para escuchar más. Escuchemos de manera atenta y concentrada. Escuchemos "entre líneas", hagámoslo con atención, con interés. Mientras más y mejor escuchemos, mejores ventajas tendremos a la hora de negociar.

Saber preguntar.

Seamos capaces de hacer preguntas interesantes, importantes con las que podamos "sacarle la sopa" a la otra parte. No hacer preguntas obvias, sino aquellas que nos arrojen información sobre el tema de la negociación. Para esto, hay que preparar las preguntas y el momento en que podemos hacerlas.

Cuidar las formas de lenguaje.

Hay que recordar que la comunicación no tan solo es verbal. Cuidemos la comunicación no-verbal: cómo nos vestimos, el tono de voz, la postura, nuestra apariencia personal, la puntualidad de la reunión, etc. Tenemos que estar conscientes de que, siempre estamos comunicando algo, aunque no estemos hablando.

Tener control emocional.

Como se mencionaba anteriormente, hay que cuidar la comunicación no-verbal, la falta de control emocional puede comunicar algo a la otra parte que lo lleve a tener una ventaja sobre nosotros.

Saber persuadir.

Hay que saber argumentar, presentar ofertas y hacer algunas concesiones que sean capaces de convencer a la otra parte para que acepte lo que nosotros queremos. Persuadir no significa "echar rollo" sino tener una argumentación lógica, sencilla y razonable que haga ver a la otra parte de que nuestra oferta es conveniente para ambos.

COMUNICACIÓN

Diseño Propio

3.2   La Negociación Profesional.

Negociar no es una actividad improvisada, ni "tener un buen verbo", por el contrario es una actividad racional, inteligente y planeada. Esto significa que se debe de hacer de modo profesional. La negociación profesional se fundamenta en un estilo y un método que deben seleccionarse antes de realizar propiamente el trabajo de discutir con la otra parte. El estilo se refiere al modo *personal* de negociar, es decir, depende de la personalidad del negociador, mientras que el método se refiere a los *pasos ordenados* que deben de seguirse para llevar a cabodicha negociación.

3.3   Estilos de negociación.

Aunque hay diversos estilos personales para negociar, vamos a señalar solamente tres que son los más relevantes: el estilo orientado a la posición, el estilo orientado a los intereses y el estilo integrador.

Estilo orientado a la posición.

Este estilo es aquel en que la negociación se tomó como algo "personal", es decir se confunden los aspectos de negocios con los aspectos personales, trayendo una situación muy difícil de sobrellevar. Lo que se pretende con este estilo es que se preserve nuestra posición personal, no tanto que se alcance un buen resultado en la negociación. En este estilo hay dos posiciones diametralmente opuestas: la posición *blanda* y la posición *dura*.

En la primera, lo que se pretende es que al final de la negociación, "todos quedemos como amigos". Es decir, el blando acepta prácticamente todo lo que le pidan u ofrezcan, para no ganarse enemigos, según él. Por el contrario, el duro desea ganar la negociación por sobre todas las cosas, sin importarle pasar por encima de la otra parte o hacer uso excesivo del poder. Su meta es derrotar al contrario, no obtener un buen resultado enla negociación.

Como se puede ver, un estilo orientado a la posición no resulta muy conveniente si queremos llegar a un resultado conveniente, aunque no podemos pasar por alto que al final de cuentas, la negociación se hace entre personas, con todas sus virtudes y defectos.

https://pixabay.com/static/uploads/photo/2014/09/15/17/23/euro-447214_640.jpg

Estilo orientado a los intereses.

En esta orientación, se hacen a un lado las posiciones personales y se hace énfasis en los intereses y objetivos que se pretenden lograr en la negociación. Como dice Donald Trump, conocido magnate de los bienes raíces, "It´s nothing personal, just business". Esto significa que al negociar no se miran personas, se miran problemas, se miran situaciones y se miran metas que desean alcanzarse.

Este estilo define diferentes opciones antes de que se llegue a una decisión final, que se hace en función a un criterio objetivo, de preferencia cuantitativo que esté alejado de cuestiones subjetivas.

Este estilo es sustancialmente mejor que el estilo orientado a la posición ya que es bastante más objetivo y enfrenta aspectos profesionales, de negocios y no ve asuntos de tipo personal.

El estilo integrador.

Este estilo engloba los aspectos positivos de los anteriores y se basa en los siguientes principios:

- Definición de los objetivos que deben guiar nuestra actuación.
- Tener atención al proceso negociador.
- Orientación a un resultado eficiente.
- Planear antes de cualquier acción.
- Manejar las formas de comunicación.
- Orientación ética.

De estos principios, se puede ver que este estilo es racional, se basa en información, en la planeación y en los objetivos, hace uso de una buena comunicación y tiene un orientación ética.

Sobre este punto abundaremos. Lamentablemente en México el concepto de Inteligencia no es entendido por muchas personas, no todas aclaro, como "la capacidad de *dañar* al prójimo" (4). Esto quiere decir es que mientras más capaces seamos de hacer daño a los demás, somos más inteligentes. Esta posición contradice a la definición de Negociación que se mencionó anteriormente: "…de llegar a acuerdos que los satisfagan de manera equitativa." La orientación ética implica que no debemos ser "inteligentes" al estilo mexicano, sino que debemos procurar que ambas partes salgan beneficiadas, al menos parcialmente.

Recordemos que ser ético significa que "hagas lo que es correcto aunque nadie se dé cuenta de ello". Alguien podría decir que las personas mexicanas "inteligentes" generalmente llegan de un modo más rápido y fácil a la meta, que una persona ética. Esto es falso. Lo que ocurre es que los "inteligentes" y los éticos están corriendo en *diferentes* carreras. (5).

Comportarse de manera ética, practicando los valores universales, debe de ser un principio fundamental al entablar cualquier negociación.

3.4   El método para la Negociación Profesional.

Seguramente hay algunos y diversos métodos que sirvan para llevar a cabo una buena negociación. Sin embargo, la mayoría coincide en tres pasos básicos y fundamentalespara realizarla de un modo efectivo. Estos pasos son la Preparación, la Discusión o Debate y el Cierre.

Los tres pasos son muy importantes, el primero implica todas las actividades que se deben hacer antes de la discusión; el segundo es el momento de la verdad, cuando ejecutamos todo lo que preparamos antes y el tercero es la culminación de nuestro trabajo de negociación. Por su importancia se tratarán en unidades por separado.

https://pixabay.com/static/uploads/photo/2013/12/13/04/34/office-227746_640.jpg

3.5 La Preparación.

Para muchos esta es la etapa más importante, ya que aquí se visualizan todas las actividades que se llevarán a cabo durante todo el proceso. Sus aspectos más importantes son los siguientes:

a) Obtención de la información.

Llegar a la discusión sin la información adecuada sería tanto como desear perder la negociación. De hecho, la negociación gira alrededor de la información que se posea, no se puede negociar de modo efectivo sin información. Esta información puede clasificarse en tres segmentos: la información de la otra parte, la información sobre aspectos técnicos y la información de otros aspectos influyentes.

Información de la otra parte.

Se debe de conseguir toda la información sobre la empresa con que vamos a negociar: antecedentes históricos, sus fundadores, su permanencia en el mercado, sus principales clientes, sus competidores más fuertes, sus proveedores importantes, su posición en el mercado, sus principales logros y aciertos, sus desventajas frente a su competencia, su nivel de ventas, etc. Es decir se debe de tener un expediente completo de la organización con quien vamos a negociar.

Pero no es todo, si vamos a negociar, lo haremos con una persona, no con un edificio. Por lo tanto, también deberemos obtener información sobre la persona con quien tendremos contacto en la negociación: su profesión, su antigüedad en la empresa, su estado civil, nombre y actividad del (a) esposo (a), edad, sexo, su historial laboral, etc. También, se debe de tener un expediente amplio sobre esta persona.

Información de los aspectos técnicos.

Si se va a negociar sobre Computación, se debe de tener información sobre procesadores, memorias, sistemas operativos, plataformas de computación, routers, hubs, redes, etc. Si se va a negociar sobre Calidad, se deben conocer las normas ISO, el mapeo de procesos, los procedimientos, etc.

Es decir, el negociador debe de contar con toda la información del "tema técnico" sobre el cual se va a negociar. Jamás se podrá negociar sobre un aspecto técnico que se desconozca, independientemente de que a nadie gusta negociar con ignorantes.

Otros aspectos influyentes.

Hay tres elementos adicionales sobre los que se debe estar informado: el tiempo, el poder y el contexto. En cuanto al tiempo y al poder, se hablará más al respecto en la unidad posterior, solo se mencionará por el momento que jamás se debe de tener al tiempo como enemigo. Es decir, jamás se debe de negociar con prisa; la presión del tiempo siempre actúa en nuestra contra: vendemos barato o compramos caro.

En cuanto al poder, debemos saber el poder que tiene nuestro oponente y analizar cómo nos podemos defender de él a través del poder que nosotros tengamos. Conocer nuestro poder y el de la otra parte es esencial a la hora de negociar. Los tipos de poder se examinarán más adelante.

En cuanto al contexto, hay que saber si estamos hablando de un permiso que se pedirá, o de una solicitud de aumento de sueldo, o de una compra-venta o de un arreglo sobre un divorcio, etc. Conocer el contexto de la negociación también es vital para terminar ésta con éxito.

b) La Planeación.

La planeación es fijación de nuestros objetivos y de la manera en que pensamos que podemos conseguirlos. Esta etapa consiste en los siguientes puntos:

Definición de los objetivos.

Tenemos que saber que es lo deseamos alcanzar de la negociación, y saberlo de manera precisa y concreta, de preferencia de un modo cuantitativo.

Y aun mas, se debe de determinar hasta donde vamos a llegar con tal de conseguir dichos objetivos, es decir, hasta donde vamos a ceder con tal de alcanzarlos.

Un pedido de productos para todo el año, un crédito por noventa días, un permiso por 3 días, un aumento de sueldo del 20%, un descuento del 15% sobre el precio de lista, ver a los hijos durante el sábado y el domingo de cada semana son ejemplos de objetivos.

Definición de opciones creativas y múltiples.

Las opciones son posibles acuerdos o soluciones parciales para un posible acuerdo. Dichas opciones deben de ser novedosas, creativas, diferentes y de preferencia, únicas.

Entre los métodos para la generación de opciones creativas están el*Brainstorming*, el método de las W, el SCAMPER y algunos adicionales.

La lluvia de ideas o Brainstorming es muy socorrido, y se trata de plantear todas las ideas por absurdas o tontas que parezcan y someterlas a un proceso de tamizado hasta que queden solo las más relevantes.

El método de las W, consiste en preguntarse ante cada opción, el Qué (What), el Dónde (Where), el Cuándo (When), el Por Qué (Why), el Quién (Who)y el Cómo (hoW).

El **SCAMPER** es el acróstico de las siguientes actividades que pueden hacerse ante cualquier alternativa:

Sustituir	**M**odificar	**R**eordenar
Combinar	**P**ara otros usos	
Adaptar	**E**liminar	

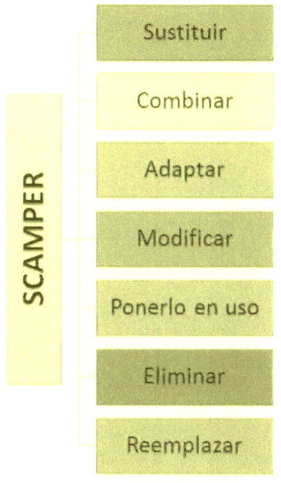

Diseño Propio

El sorprender a la otra parte con opciones que sean diferentes a las que él haya visto anteriormente, puede ser contundente a la hora de negociar.

Normas justas y equitativas.

Como se mencionó en la definición de Negociación, los acuerdos deben ser equitativos y para que esto se logre, deben de plantearse normas de decisión que sean justas para ambas partes. Esto no significa que seamos "buenas gentes" o que tomemos una posición blanda, solamente que haya justicia para todos. Por eso es prudente que las decisiones se tomen con criterios cuantitativos.

*Definición de nuestro **BATNA.***

Es muy probable que eventualmente no podamos alcanzar totalmente nuestro objetivo, ¿qué hacer entonces? Bueno, una regla fundamental en cualquier negociación es llegar a ella con alternativas. Esto significa que si no se logra la meta deseada, al menos se puede lograr una meta alterna, pero lograr algo al fin.

Supongamos que vamos a pedir un empleo, pero actualmente estamos yatrabajando en una empresa. Lo que pretendemos es un trabajo retador y mejor remunerado. ¿Qué pasa sino conseguimos el nuevo empleo? ¡Pues nos quedamos con el que ya tenemos! De este modo podemos negociar mejor con la nueva compañía, porque al fin y al cabo tengo la alternativa de quedarme con el empleo actual.

Pero qué pasaría si no contáramos con un empleo actual, pues tendríamos que aceptar las condiciones y sueldo que nos ofrecieran, ya que tenemos la necesidad de trabajar y no tenemos otra alternativa. Por lo tanto, el negociar con alternativas siempre significa tener una ventaja.

De todas las alternativas que podamos tener, existe una que es la mejor, aparte del objetivo que deseo alcanzar, aesta se le llama BATNA:

Best **A**lternative **T**o a **N**egociated **A**greement.

> **EL BATNA**
> **BEST ALTERNATIVE TO A NEGOTIATED AGREEMENT**
> **EL BATNA** es el piso, entonces el precio de aspiración es el techo, es la mejor opción que tiene cada parte y debe ser el mínimo que debemos aceptar.
> **EL BATNA** es muy peculiar. En primer lugar es dinámico: cambia todo el tiempo.
> **EL BATNA** es psicológico. La gente es impredecible y como es humana tiene Sentimientos y no siempre actúa en forma racional.

Diseño Propio

Tal vez no pueda conseguir el pedido para todo el año, pero un pedido de 8 meses podría ser atractivo. Probablemente no obtenga que me compren una Lap-top, pero sí un Smartphone. Por lo tanto, es indispensable contar siempre con un BATNA cuando vayamos a negociar.

Diseño de propuestas.

Una propuesta es una *oferta específica* que ponemos sobre la mesa para *hacer avanzar* la negociación hacia el acuerdo. Es conveniente tener previsto el momento adecuado para presentar las propuestas, de forma que contemplemos:

l Propuestas de apertura
l Propuestas durante el desarrollo de la negociación
l Propuestas de cierre.

Las propuestas no pueden improvisarse en el momento de la discusión, deben de prepararse de antemano, visualizando lo que la otra parte, siendo empáticos y utilizando la información sobre ella que ya hemos obtenido con anterioridad.

c) Determinación de tácticas.

En lo que se refiere a las tácticas, deben de considerarse el contexto en que se desarrollarán las rondas de negociación: Espacio, Tiempo y Organización.

Dependiendo del tipo de negociación y con quién vayamos a hacerlo, debemos de valorar si es conveniente celebrar las reuniones en nuestro terreno o preferimos ir al terreno de la otra parte. Si ninguna nos satisface, se puede optar por reunirnos en algún lugar neutral.

No se puede abordar de igual modo una negociación que se prevé de un desenlace rápido que para otra que se puede anticipar que será bastante prolongada.

Se debe de considerar en la agenda de negociación, los recesos o pausas que se consideren necesarios. Como se ha demostrado científicamente, los recesos deben de ir acompañados de café y galletas, ya que ambos activan súbitamente el nivel de azúcar en la sangre.

Los elementos que se refieren a la organización del proceso de negociación son:

• Las Reglas de actuación, a las que habrán de ajustarse las partes.
• La Orden del día o Agenda, que se pretende cubrir durante el proceso.

- El Equipo de Negociación, en caso de que ambas partes tengan mas de una persona que vaya a intervenir en el proceso.
- Identificación de autoridad, es decir hasta qué nivel pueden las partes tomar decisiones respecto al tema de la negociación.

https://pixabay.com/static/uploads/photo/2012/04/01/17/35/meeting-23667_640.png

d) Atención a la Comunicación.

En este renglón se van a plantear solo aquellas situaciones en que la comunicación tenga un aspecto esencial que afecte de manera radical el proceso de la negociación.

Cuando hay dificultades en la estructura.

Sucede cuando hay una alta probabilidad de que el diálogo va a perder su estructura, diluyéndose cada vez mas en vías de discusiones colaterales, confusión y vueltas hacia atrás para reabrir cuestiones ya tratadas.

Las condiciones que la propician son: la escasa preparación de la negociación por alguna o ambas partes, que haya negociadores poco competentes en el uso y control del lenguaje, o que se tenga un equipo de negociación poco coordinado o mal dirigido.

Se recomienda una estrategia centrada en los siguientes puntos:

- Reforzar y respetar el papel del conductor de la negociación.

- Formular "preguntas-guía", en forma ordenada y sintética.
- Tomar nota del avance o retroceso.
- Recapitular y proponer cierres parciales.

Cuando las negociaciones son emocionalmente difíciles.

Algunas veces la negociación puede fracasar por las emociones que una o ambas partes muestren a la largo del proceso.

Los factores de riesgo pueden ser: que la relación previa entre las partes haga inevitable que en sus encuentros aparezcan respuestas emocionales de gran intensidad, que el objeto de la negociación no sea meramente material y neutro para una o ambas partes o, que la comunicación empleada por alguien esté cargada de valores e implicaciones personales.

La estrategia recomendada se basa en los siguientes puntos:

- Elegir a negociadores "no-implicados" para dialogar en representación de los afectados.
- En caso contrario, preparar con cuidado los criterios de legitimidad, que eviten la subjetividad.
- Negociar en equipo.

Negociaciones culturalmente difíciles.

Actualmente, cada vez es mas frecuente que se hagan negociaciones internacionales e interculturales, por lo que es necesario prever posibles problemas y malentendidos.

Existen problemas derivados de la necesidad de negociar en idiomas que no dominamos o en países y entornos que nos son ajenos.

Se recomienda una estrategia que contemple las siguientes acciones:

- Informarse previamente de las peculiaridades y costumbres de la otra parte.
- Observar una cuidadosa preparación de contenidos, frases breves y bien construidas.

- Apoyar la comunicación con elementos gráficos, audiovisuales y escritos, que hagan la comunicación mas relajada y eviten los malentendidos.
- Cuidar especialmente los elementos no verbales del lenguaje.
- Evitar valoraciones categóricas ante hechos que para la otra parte puedan tener connotaciones diferentes.
- Particularmente, preguntar mucho y escuchar con atención y respeto desde una postura sin prejuicios.

https://pixabay.com/static/uploads/photo/2013/10/15/12/25/office-195960_640.jpg

3.6   La Discusión.

Como ya se mencionó anteriormente, la etapa de la discusión es el momento de la verdad, cuando se va a poner en práctica todo lo que se planeó. Es pues, una etapa muy importante donde se pondrán en juego tanto las habilidades analíticas como las habilidades comunicativas de los negociadores.

a)   Elementos necesarios para una discusión efectiva.

Existen algunos elementos que son importantes para que se dé una buena discusión:

Hablar en forma explícita.

Hay un error que jamás se debe*: suponer.* La suposición es la madre de todos los errores. Seamos explícitos, claros y específicos.

Ser pacientes y dejar hablar a la otra parte.

Usemos más los oídos que la lengua. Mientras más hable el otro, más información podremos obtener y mientras menos hablemos nosotros, nos podremos equivocar con menos facilidad.

Mostrar comprensión a sus intereses.

Si podemos atender a los intereses de la otra parte sin menoscabo de los nuestros, ambas partes podremos salir ganando. Finalmente, lo que se desea es que todos lleguemos a unos acuerdos que nos beneficien equitativamente.

Tomarse el tiempo que sea necesario.

No debemos dilatar las decisiones, pero tampoco debemos de decidir sin la información necesaria; no actuemos con premura, no tengamos al tiempo como un enemigo.

Compartir información en forma selectiva, recíproca y progresiva.

Es claro que en la discusión habremos de compartir la información que poseemos, pero compartamos solamente la que sea necesario compartir y siempre a cambio de una información que la otra parte nos proporcione. La información, adicionalmente debe de compartirse poco a poco, no toda en una sola emisión.

https://pixabay.com/static/uploads/photo/2013/07/14/08/25/man-162604_640.jpg

Pensar en el abanico de opciones.

Ya se mencionó antes, vayamos a la negociación con diversas alternativas, con nuestro BATNA, de este modo podremos hacer una mejor negociación.

Realizar propuestas.

Las propuestas se requieren para poder hacer avanzar el proceso, sin embargo hagamos propuestas que nos beneficien y estén alineadas con nuestros objetivos. Proponer sin ton ni son nunca será favorable.

Calibrar las concesiones.

Hay que estar muy conscientes de lo que se va a conceder; no hagamos una concesión de modo indiscriminado, hay que medir, hay que calibrar cada concesión que se haga y visualizar que es lo que se puede obtener a cambio de dicha concesión.

b) Las fuerzas presentes en la discusión.

En el momento ya de estar discutiendo, de estar debatiendo, de estar en el "estira y afloja", hay tres fuerzas muy poderosas que se harán presentes en todo el proceso: la Información, el Poder y el Tiempo. De estos tres elementos ya se ha hablado con anterioridad, pero se abundará un poco más.

La Información.

Respecto a la primera, no es suficiente contar con una información precisa y suficiente, sino que ésta debe ser la base sobre la que se asiente todo el proceso de negociación. No sería racional manejar una discusión que se sustente en presentimientos, corazonadas o latidos del corazón, en lugar de información. Es posible que una vez que se cuente con la información pertinente, esta pueda ser "aderezada" con un *feeling* de los negociadores. Pero, salvo la salvedad, el feeling no puede reemplazar a la información, si acaso la puede complementar.

Recordar que nunca se podrá ir a negociar, sin antes haber recopilado la información que sea necesaria.

El Poder.

El poder es esa capacidad que tenemos de poder influir en las acciones de los demás, frecuentemente para nuestro propio beneficio. Con muy pocas excepciones (o tal vez ninguna) a muchos el poder les agrada mucho hasta el grado de seducirlos. Casi todo mundo quiere tener poder de alguna forma. Existen varios tipos de poder que se pueden presentar en la discusión:

-El poder personal. Tiene su origen en la experiencia, en el conocimiento y en la habilidad de negociar de cualquiera de las partes. Asimismo, puede tener también su origen en la habilidad de persuadir y comunicar o en la posición que se ocupa dentro de la organización.

-El poder de representación. Tiene su origen en la imagen y posición competitiva de la organización. No es lo mismo ir a negociar a nombre de una empresa transnacional que a nombre de un puesto de tacos.

-El poder situacional. Se basa en ventajas inherentes a la situación y el momento en que se da la negociación. Por ejemplo, a quién le interesa más la negociación? A mí o a la otra parte?

-El poder de obstrucción. Se basa en la capacidad de bloquear o poner trabas a la otra parte o en la habilidad de causarle incomodidad.

-El poder del tiempo. Se basa en el sentido de urgencia. Quien tenga prisa por terminar la negociación, será quien realice más concesiones. Quien tenga premura, venderá más barato o comprará más caro.

-El poder del BATNA. Contar con alternativas siempre es una fuente muy importante de Poder; contar con un BATNA muy bien definido, nos ayudará a poder negociar con mucho poder. Por el contrario, acudir a la negociación con una opción única, nos deja en una gran desventaja.

El tiempo.

El tiempo se debe de considerar desde dos vertientes:

-Primero, como "tiempo disponible" para negociar. Nunca se debe de "tener prisa" en la negociación.

-Segundo, en las cuestiones logísticas: fijar la fecha de las reuniones en días y horas que nos sean ventajosos, marcar los descansos, la hora de inicio y término de las reuniones, etc.

https://pixabay.com/static/uploads/photo/2013/07/17/14/45/clock-163199_640.jpg

c) Las Propuestas en la mesa de negociación.

Una argumentación sólida y apoyada racionalmente en información y experiencias, no sobre opiniones, subjetividades o suposiciones, que sorprenda a la otra parte por la creatividad, el respeto y la firmeza en sus formas, no garantizará la aceptación de la propuesta, pero aumentará significativamente la probabilidad de que sea escuchada con atención y debatida con neutralidad y el mejor espíritu de diálogo.

Características necesarias de las propuestas.

Para que una propuesta sea propia, sea atractiva debe tener las siguientes características:

- Deberán ser lo suficientemente claras y precisas.
- Deberán ser completas, no hechas a medias.
- Tienen que ser creíbles. "Le daré un curso de capacitación hasta que su gente aprenda, sin importar el tiempo." Esta propuesta nadie la creerá.
- Deben ser fieles a nuestros objetivos. Jamás se propondrá algo que vaya en contra de mis metas.
- Que sean creativas. Diferentes. Únicas. Mientras menos se las espere la otra parte, menos podrá negarse.
- Deben ser persuasivas. Capaces de convencer a la otra parte. Tal vez, que sean contundentes.

Tipos de Propuestas.

Hay tres tipos diferentes de propuestas u ofertas: la Moderada, la Dura y la Extrema.

-La Oferta Moderada. Es aquella propuesta que se sitúa dentro de la **ZO**na de **P**osible **A**cuerdo (ZoPA), la cual viene delimitada por la posició máximas de una parte y la mínima de la otra. Por ejemplo si el precio máximo del comprador es de $ 50 y el precio mínimo del vendedor es de $ 40 entonces la ZoPA está situada entre $ 40y $ 50. Una oferta moderada sería $ 45.

-La Oferta Dura. Es aquella oferta que hace una de las partes y está situada fuera de la ZoPA. Si el vendedor plantea una propuesta de $ 52, corresponde a una oferta dura.

-La Oferta Extrema. Es aquella oferta que se hace *muy por fuera* de la ZoPA. Por ejemplo, si el vendedor hace una oferta de $ 60, está haciendo una oferta extrema.

Nuestra primer oferta debería estar fuera de la ZoPA; empezar con una oferta moderada nos puede colocar en una situación difícil, ya que nada nos garantiza que la otra parte vaya a aceptar dicha propuesta o que también vaya a comportarse de manera moderada igual que nosotros.

Comenzar moderadamente nos conduce a no disponer para la negociación de toda la ZoPA, y por tanto nuestro "margen de maniobra" se reduce considerablemente.

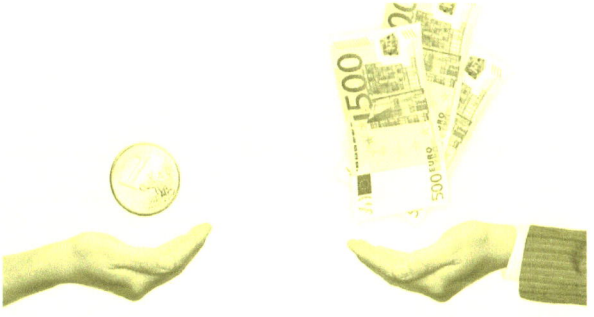

https://pixabay.com/static/uploads/photo/2014/09/26/11/44/hands-462298_640.jpg

d) Algunas tácticas engañosas.

Durante la discusión, es posible que alguna de las partes recurra a alguna táctica "no tan ortodoxa", con el fin de poder convencer al otro de que haga lo que el uno desea. Estas tácticas suelen ser engañosas y su práctica no es deseable, aunque esto no obsta para que se usen durante un debate. Aquí mencionaremos algunas, no para que las practiquen, pero sí para que se conozcan y saber que se está siendo blanco de esa táctica.

El chantaje.

Cierta vez una esposa le pregunta a su marido: "¿Oye y pudiste lograr la venta que tanto deseabas?" A lo que este le responde: "Sí, afortunadamente lo pude lograr"La esposa vuelve a preguntar: "¿Y cómo le hiciste?" El marido le responde: "Apliqué la táctica tradicional: le lloré". El chantaje es una táctica que trata de causar lástima en la otra parte para que se conduela y acepte las condiciones de quien la utiliza.

El salami.

Consiste en hacer muchas, muchas concesiones; pero de cantidades muy pequeñas, casi microscópicas. "Ya te hice muchos descuentos", puede decir un negociador, pero si el otro hace la suma efectiva de todos los muchos descuentos, apenas suman el 3%.

El documento misterioso.

Se tiene que hacer en las oficinas de quien la quiere practicar y consiste en dejar un documento sobre el escritorio que contenga información falsa sobre la negociación que se está haciendo y después salir de la oficina, a instancias de su secretaria, quien le informa que tiene una llamada "urgentísima". El negociador sale y el otro curiosea y se hace de una información que él cree que es veraz y ¡cae en la trampa!

El ultimátum.

"Le pido su mejor oferta a más tardar mañana a las 11:00 hrs. Ya que tenemos una junta para decidir a las 11:30 hrs." Esta es una especie de amenaza que hace una de las partes. Si el otro ya ha hecho su mejor oferta, solo debe decir "ya se la he hecho llegar, esa es nuestra mejor oferta".

La amenaza.

"Si no me concede lo que le pido, tendré que hablar con su jefe, quien por cierto es muy amigo de mi hermano". Usted puede contestarle: "Hable con él, yo solo hago mi trabajo lo mejor que puedo".

El pilón.

"Oiga, le voy a comprar la camioneta de $430,000, yo espero que me regale el tanque lleno de gasolina, ¿verdad?"- esto lo dice un cliente al vendedor de autos, cuando está a punto de firmar los documentos de compra-venta. ¿Qué va a responder el vendedor? ¡ pues claro que se lo obsequia!

https://pixabay.com/static/uploads/photo/2015/06/14/10/31/meeting-808758_640.jpg

e) Los Bloqueos.

Son situaciones en que se produce una paralización de todo el proceso, lo que acarrea en los negociadores una enorme sensación de frustración e incapacidad para continuar en él. Da la apariencia de que la ruptura del proceso está cercana y que no es posible avanzar en los puntos acordados.

Identificación de un Bloqueo.

Se debe de distinguir entre un bloqueo real o una situación en que el tema tratado que requiere de tiempo y consenso. Se pueden identificar dos señales: el grado de novedad de los argumentos que se debaten y, el tiempo que dura el "parón".

Si estamos en una situación en la que los argumentos hacen que la discusión sea circular y repetitiva y que además el proceso se prolongue sin mucho sentido, estamos ante la presencia de un bloqueo.

Se puede estar ante un tema difícil que requiere de tiempo para ser tratado, pero los argumentos son nuevos y diferentes. **No se trata de un bloqueo.**

Cómo enfrentar un bloqueo.
Entre otras acciones, se recomiendan las siguientes:

- Suspender la negociación antes que deteriorarla.
- Si la cuestión en conflicto forma parte de un contenido más amplio, dejarla aparte y recapitular.
- Si la causa del bloqueo es emocional, liberar las emociones y aplicar una dosis de frialdad
- Solicitar la ayuda de un mediador o de un grupo de mediación.
- Sustituir a los negociadores.

f) Las Concesiones.
El fenómeno de las concesiones es una parte íntima de la negociación. La negociación es un proceso de intercambio y está afectado por continuas concesiones. Tras la oferta inicial de una de las partes, comienza el proceso de intercambio, cuya esencia será el manejo adecuado de las concesiones.

Una concesión debe hacerse en el momento adecuado dentro del proceso de negociación y nunca se debe de ceder a cambio de nada.

El momento oportuno para realizarlas es el momento de cierre o aquel en que esté cercana la llegada del posible acuerdo.

Lo que determina la forma de llevar a cabo las concesiones es la estrategia del negociador, que definió desde la etapa de Preparación.

Principios fundamentales de las Concesiones.

Para que una concesión que hagamos nos favorezca, debemos observar los siguientes principios:

- Nunca ceder a cambio de nada. Nunca. Nunca.
- Hacer "pocas" concesiones.
- Hacerlas en el momento de construcción del acuerdo o del cierre.
- Hacerlas cada vez más pequeñas.
- Frente a cada concesión solicitada, utilizar el silencio y la pregunta.

https://pixabay.com/static/uploads/photo/2012/04/05/01/24/dice-25637_640.png

3.7   El Cierre.

El cierre es la parte final de la negociación y es la etapa en donde se pueden ver culminados (si se hizo un buen trabajo) todos los esfuerzos realizados en la preparación y en la discusión.

a) Características de un buen cierre.

Un buen cierre es aquel que deja convencidas a ambas partes, y tiene las siguientes características:

- Es el producto de previsible de un proceso bien gestionado.
- Es el que crea valor desde el principio hasta el final del proceso.
- No daña la relación entre las partes.
- Consigue los objetivos respecto al otro y respecto a uno mismo.

Esto significa que, si hemos hecho una buena labor en las dos etapas iniciales, llegar a un buen cierre es prácticamente lógico. Por lo tanto, es necesario remarcar la importancia de dichas partes: la preparación y la discusión.

Ahora bien, el que lleguemos al cierre no significa que hayamos llegado a un acuerdo de manera forzosa; se puede llegar al cierre sin lograr acuerdos.

https://pixabay.com/static/uploads/photo/2014/09/09/14/38/team-440139_640.jpg

b) Un mal cierre.

Un cierre malo es aquel en que, aunque se llegue a un acuerdo, este solo favorece a una de las partes de manera muy ventajosa o se hace a través de amenazas. Algunos puntos que se pueden presentar en un mal cierre son los siguientes:

- Hay un abuso del poder de una de las partes
- Hay amenazas para forzar el cierre
- La relación queda muy deteriorada
- El objetivo que se siguió en la negociación fue solamente derrotar al otro
- Se cierran las puertas para futuras negociaciones.

Por supuesto que no es deseable bajo ningún concepto que se llegue a un mal cierre en la negociación, por lo que se debe de realizar muy cuidadosamente todo el proceso en su fase de preparación.

c) Un cierre con acuerdos.

Si hemos llegado al cierre alcanzando los objetivos planteados y de manera equitativa para las partes, se realizan los siguientes pasos:

- Recapitular y anotar las condiciones del cierre.
- Concretar próximas acciones y plazos.
- Valorar los logros alcanzados.
- Cuidar la despedida

d) Un cierre sin acuerdos:

Si no se ha podido llegar a los acuerdos que beneficien a las partes, se hacen los siguientes pasos:

- Cortar la tensión, la irritabilidad o el cansancio.
- Hablar despacio, seleccionar los términos con mucho cuidado.
- Resaltar todos los aspectos positivos que sea posible.
- Cuidar la despedida.

e) La Despedida.

Lleguemos o no aún acuerdo, la despedida es una acción que debe de cuidarse mucho, para lo cual se recomiendan los siguientes aspectos:

- Dar un apretón de manos, mirando al otro de un modo pausado y afable.
- Interesarnos por su viaje de regreso, si está en nuestras oficinas.
- No mostrar prisa por irnos, si estamos en las suyas.
- Jamás dar la impresión de que nos escondemos o escapamos de nuestros interlocutores.

Recordar que recién terminamos una negociación, no una lucha a muerte. Si nos pusimos de acuerdo, es un excelente logro: pero si no lo hicimos, no tenemos porqué escondernos o avergonzarnos. El desacuerdo o conflicto es una actividad propia de la naturaleza humana, no siempre tenemos que estar de acuerdo, pero sí debemos poner toda nuestra inteligencia, racionalidad y honestidad para llegar a estarlo.

f) Consideraciones finales.

Negociar no significa fregar al otro. No significa sacar ventaja de nuestro poder. No significa engañar a la otra parte. Tampoco es tomar esta actividad a tono personal y "derrotar" al enemigo. No es darle un "soborno" al oponente para que ceda. Una buena negociación nada tiene que ver con la corrupción.

Negociar es mantener una buena relación, aun cuando no se llegue a un buen acuerdo. Negociar significa que a veces tengamos que ceder en el corto plazo con tal de ganar en el largo. Negociar es una actividad perfectapara cultivar amistades profesionales y personales. Es beneficiar a la otra parte, obteniendo también un logro razonable para nosotros. Una buena negociación es el fruto de un buen diálogo, hecho de modo inteligente, racional y basado en principios y valores universales.

Estamos seguros que si todas las personas supieran negociar en forma inteligente yhonrada, el mundo sería muy distinto.

https://pixabay.com/static/uploads/photo/2014/12/22/07/21/network-577009_640.jpg

Referencias.

1. Karrass, C. (1974). **Give & Take.** *The complete guide to negotiating strategics and tactics.* Nueva York. Thomas Y. Crowell Publishers.
2. Cohen, H.(2004) **Negocie y gane**. México. Grupo Editorial Norma.
3. Homs, R. (2004) **El poder de la negociación en la Venta**. México. McGraw-Hill.
4. Guerrero, J. Definición propia tomada de clases.
5. Blanchard, K. (2003). **El Corazón de un Líder**. Grupo Editorial Norma

Lecturas adicionales.

1. Cohen, H. (1983) **Todo es negociable**. México. Planeta.
2. Flores de Gortari, S. y Orozco, E. (1978). **Hacia una comunicación administrativa integral.** México. Trillas.
3. Jandt, F. (1987)**Ganar ganar negociando**. México. CECSA.
4. Karrass, C. (1974) **The negotiating game.** Nueva York. Thomas Y. Crowell Publishers.
5. Karrass, G.(1989) **El Cierre.** México. Lasser Press.
6. Robbins, S.(2003) **Comportamiento Organizacional**. 11ª. Ed.México. Prentice Hall.
7. Stone, D., et al.(1999) **Negociación**. México. Grupo Editorial Norma.

CAPÍTULO 4

Calidad

Dr. Juan Antonio Olguín Murrieta
Dr. Marcos Alfredo Azuara Hernández

INTRODUCCION

Muchos años atrás, las empresas no se preocupaban por los consumidores, les ofrecían productos limitados y de baja calidad que los consumidores tenían que adquirir, ya que no tenían otra opción, es decir, el mercado era dominado por los empresarios.

Conforme pasan los años y a raíz de la apertura comercial de la mayoría de los países incluyendo México, esta situación cambia, grandes empresas llegan a nuestro país con modelos de operación basados en la satisfacción del consumidor, lo que provoca que las empresas que no estaban preparadas debieran cerrar sus puertas y salir del mercado.

El éxito de las grandes empresas radica en que investigan las necesidades del consumidor y tratan de cubrirlas con productos y servicios variados, pero con algo adicional, que son de calidad y la atención brindada es excelente.

Desde entonces los empresarios han hecho de la calidad una cultura a nivel mundial y el consumidor (comprador) evalúa las distintas opciones y decide por la que él considera es la mejor. Esta cultura de calidad se traslada al recurso humano y a las instalaciones de la organización, haciendo que en conjunto brinden un servicio de calidad.

Podemos decir que la base del éxito de cualquier empresa privada es el establecimiento de políticas de calidad que definan con precisión lo que se espera de los empleados, así como de los productos y servicios que se ofrecen a través de ellos y del compromiso que establezcan con la organización.

Este capítulo brinda un panorama muy sencillo de la importancia de realizar nuestras actividades con calidad y de cómo puede llegar a convertirse en un factor que nos diferencie de la competencia.

Juan Antonio Olguín Murrieta, Dr., es Profesor de Administraciónde la Universidad Autónoma de Tamaulipas.

5.1   Conceptos Básicos sobre la Calidad.

a) Antecedentes

En la era de las cavernas, el hombre era un recolector que seleccionaba los frutos comestibles maduros y más sabrosos, las pieles más gruesas y grandes o las cuevas más cómodas o seguras.

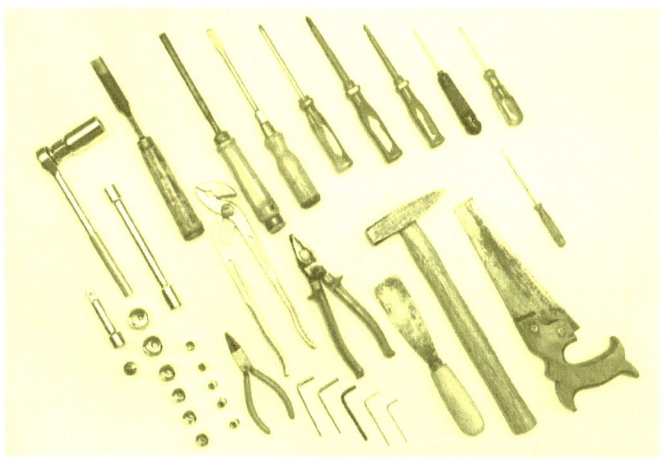

https://pixabay.com/static/uploads/photo/2014/06/29/16/36/tools-379591_640.jpg

Conforme a su naturaleza humana, con el paso del tiempo fueron generando nuevos aprendizajes, y se dieron cuenta que era necesario utilizar ciertas herramientas que les permitieran realizar mejor sus actividades, creando: arcos, flechas, cuchillos, vasijas y vestimenta. De esta forma el ser humano transforma el medio ambiente, se vuelve sedentario y elabora sus propios productos y empieza a construir sus propias viviendas.

Al inicio las tribus eran pequeñas pero al crecer sus integrantes empezaron a dividirse las tareas, con lo que se dio inicio a las primeras formas de organización del trabajo, con el objetivo de resolver de manera conjunta los problemas de la tribu. Al establecerse diferentes grupos de individuos relativamente cercanos unos a otros, se dieron cuenta que podían intercambiar productos con las otras tribus y viceversa.

En el año 2150 A.C el Código de Hammurabi establecía *"Si un albañil construye una casa para un hombre y su trabajo no es fuerte y la casa se derrumba matando a su dueño, el albañil será condenado a muerte"*

En el año 1450 A.C en la Civilización Egipcia, el castigo por hacer bloques de diferente medida a las especificaciones de las pirámide, era la amputación de una mano.

Fuente: http://www.eumed.net/ cursecon/ecolat/cu/2009/bac.htm

https://pixabay.com/static/ uploads/photo/2012/04/24/23/53/ oil-pump-41214_640.png

En la producción artesanal, los juicios para buscar la calidad estaban centrados en el aspecto estético y el prestigio de los que elaboraban el producto. El incremento en la demanda propició la mecanización de los bienes con el objeto de satisfacerla demanda, fomentando la creatividad, expresada en nuevas formas de producción, y la invención de aparatos mecánicos que ayudaban a producir con mayor rapidez.

Con el surgimiento de los talleres mejoró la productividad,con esto se perdió la comunicación directa entre el obrero productor y el usuario, pasando por alto las especificaciones individuales que pudiera solicitar cada comprador. Al iniciar la producción mecanizada de ciertos bienes, los fabricantes propiciaron el inicio del comercio con otros pueblos estableciendo la fijación de especificaciones de diseño de manera general y desarrollando métodos, herramientas y formas de realizar la verificación de sus productos para que estos cumplieran las especificaciones indicadas, dando inicio a los primeros supervisores e inspectores de calidad.

En la actualidad (siglo XXI), la calidad se ha vuelto una carta de recomendación a nivel mundial, quiénes la ostentan garantizan que la producción de sus bienes y/o servicios, cumplen con los estándares más altos de calidad y se vuelven altamente competitivos. Tanta importancia ha tomada la calidad en la producción de bienes y servicios, que podemos encontrara licenciaturas y posgrados en calidad ofrecidos por instituciones educativas reconocidas a nivel mundial, así como centros de investigación o centros de asesoría especializados en la calidad.

https://pixabay.com/static/uploads/photo/2014/06/21/10/17/earth-373716_640.jpg

Recomendación:

○ Analizar los métodos de calidad que se establecíanen los primeros siglos.

○ Investigar acerca de las actividades que se realizan dentro del hogar cuidando la calidad en cada labor.

○ Informarse sobre las normatividades nacionales (NOM's) y las diferentes normas de calidad existentes en el mundo (Normas ISO).

5.2   Conceptos y definiciones.Satisfacción del cliente.

Definir calidad es una tarea compleja, pues es necesario considerar infinidad de factores tales como la época, las circunstancias, el grado de exigencia de quien reclama calidad (consumidor), etc. Esto quiere decir que no existe una sola definición, sino varias, toda ellas correctas de acuerdo a sucontexto. Por ejemplo, revisemos las siguientes:

El producto o servicio libre de defectos
(Asociación Norteamericana para la Calidad)

Bajo esta definición, cuando nosotros hablamos de un producto de calidad, nos estamos refiriendo a un producto que no tiene problemas para su uso, es decir que funciona. Cuando compramos un vehículo, lo que esperamos es que el coche funcione a la perfección, pero si algo le falla, no prenden las luces, algo rechina, el tablero marca algún problema, estamos apreciando problemas de calidad del coche.

La calidad es ofrecer un producto o servicio que
satisfaga completamente las necesidades del usuario.
(J.M. Juran)

Siguiendo con el ejemplo del automóvil, en esta definición hablar de calidad significa que el coche que me ofrecen tenga las características necesarias para cumplir con mis necesidades de uso, esto implica que el fabricante identifique mis necesidades a fin de que pueda satisfacerlas. Propiedad o conjunto de propiedades inherentes a algo, que permiten juzgar su valor. En el caso del vehículo, tales propiedades pueden ser: el equipamiento, el rendimiento de combustible, la durabilidad del motor, la periodicidad para darle mantenimiento, etc.

La calidad significa desarrollar, diseñar, manufacturar y vender
un producto de acuerdo a los requerimientos y necesidades de los
consumidores.
(Kaoru Ishikawa).

En esta definición, la calidad existe no sólo en el vehículo que nosotros vemos circular, sino que existe desde su diseño (al momento de concebir la forma, el peso, el motor, los interiores, etc.), en el proceso de fabricación (que implique cero desperdicio, en un tiempo adecuado, a un costo adecuado), en el proceso de venta (cuando vamos acomprar el coche esperamos un trato cordial y buena atención así como cumplimiento en la fecha de entrega).

Considerando las definiciones anteriores, podemos establecer la siguiente definición de calidad:

Eselgradoenelque un producto
oserviciocumpleconlasnecesidadesdeunusuarioocliente..

Recomendación:

○ Analizar los conceptos de acuerdo a cada autor para hacer una definición global acerca de la calidad.
○ Investiga más sobre los gurús que hablan acerca de la calidad.
○ Identificar las palabrasclave que intervienen al momento de definir calidad
○ De acuerdo a los conceptos mencionados ¿estamos cumpliendo con la calidad que decimos ofrecer?

Bien, ahora nos adentraremos un poco más a detalle en los elementos significativos de esta definición:

A) Producto:

Materia prima transformada, bien tangible.

Aunque producto se reconoce como el resultado de un proceso, entenderemos al producto como una cuestión tangible. Existen productos intermedios (para crear otro producto) y finales (los que adquiere el consumidor final). Un ejemplo de producto intermedio es el motor de un vehículo que es utilizado para integrar un producto final producto final que es un vehículo.

https://pixabay.com/static/uploads/photo/2014/04/03/00/40/tree-309046_640.png

(Las cualidades tangibles de un producto pueden ser: sus
características físicas, sus propiedades químicas,
su color, su textura, temperatura, etc.)

B) Servicio:

Actividad o un conjunto de actividades de naturaleza casi siempre intangible, que se realiza mediante la interacción entre el cliente y el empleado y/o instalaciones físicas de servicio, con el objeto de satisfacer un deseo o necesidad. Podemos mencionar como ejemplos recibir asesoría, recibir educación, ser transportado por un taxi, recibir atención en una ventanilla, etc.

Normalmente, un servicio implica cualidades intangibles pero también puede incluir la generación de un producto. Por ejemplo, un trámite es un servicio intangible, cuya evidencia (producto) del mismo es un recibo, una constancia, etc.

C) Cliente:

Usuario que recibe el producto o servicio. Entidad (persona u organización) que recibe un producto intermedio o consume un producto final, así como aquél que recibe un servicio.

Por lo general se ubica que la persona que recibe el producto final es el cliente, pero en realidad, para lograr ese producto final se dan diversas interacciones entre proveedores y clientes (en las fases intermedias del proceso), lo que permite reconocer dos tipos de clientes:los internos (dentro de la organización o dentro de los procesos) y externos o finales, también llamados consumidores (aquellos que compran un producto final).

Una definición propuesta por Lefevre sobre clientes, nos dice que es todo aquél que se beneficia, directa o indirectamente, con los servicios de un proveedor[1].

Ahora bien, la decisión de adquirir un producto o un servicio no siempre corresponde por completo a los consumidores, pues en este proceso intervienen otros agentes.

¿A qué nos referimos con otros agentes?

---

[1]   Lefevre, Henry. (1989). La calidad en los servicios: seis llaves para el éxito.

Veamos algunos ejemplos:

- ➤ En el caso de un alimento para una mascota, el dueño interviene para decidir la marca, tipo y precio de alimento a comprar
- ➤ Respecto a la ropa de un bebé, sus padres decidirán marca, tipo, color, precio.
- ➤ En el caso de una persona enferma, el doctor indicará el medicamento más conveniente para su recuperación.
- ➤ En el caso de una flotilla para una compañía de mensajería, el encargado de compras, el encargado de mantenimiento y el de operaciones seleccionarán los vehículos, con base en características como el rendimiento de combustible, el costo de mantenimiento, la durabilidad, de tamaño, color, precio, costos de mantenimiento, etc.

a).- El consumidor

https://pixabay.com/static/uploads/photo/2015/07/19/08/09/hand-851207_640.jpg

b).- El comprador (analiza, evalúa y decide)

https://pixabay.com/static/uploads/photo/2014/07/27/09/42/e-commerce-402822_640.jpg

c).- El que asumirá el costo económico

https://pixabay.com/static/uploads/photo/2014/07/06/13/55/calculator-385506_640.jpg

d).- El influenciador de decisión (aquél que da su opinión al que tomará la decisión de compra)

https://pixabay.com/static/uploads/photo/2012/02/29/11/59/adult-18774_640.jpg

Es importante señalar que una misma persona puede jugar más de un rol en este proceso.

D).- Proveedor:

Entidad (organización o persona) que suministra a un cliente un producto o un servicio. En este sentido, el proveedor puede elaborar el producto o sólo comercializarlo. También el proveedor realiza un servicio.

Recomendación:

- ○ Identificar a cada uno de estos agentes en nuestro proceso de oferta y demanda.
- ○ Evaluar las alternativas de mejora en los procesos de adquisición del producto o servicio que se está ofreciendo.

https://pixabay.com/static/uploads/photo/2014/09/20/09/23/growth-453482_640.jpg

https://pixabay.com/static/uploads/photo/2014/12/10/09/07/building-562879_640.jpg

E).- Necesidades:

Son el conjunto de características, propiedades o requisitos de un producto o servicio, que tengan importancia para el cliente o usuario.

Estas características, propiedades o requisitos pueden ser: el color, peso, tamaño, precio, durabilidad, rendimiento, facilidad de uso, seguridad en su uso, etc. Por ejemplo. Si requiero de una computadora, analizaré qué es lo que debe poseer para cubrir mis necesidades, interpretándolas en características como: la velocidad de procesamiento, medida en velocidad (medida en mega-hertz), presentación (portátil o de escritorio), capacidad de almacenamiento del disco duro (medido en Gigabytes), tamaño de la pantalla (medido en pulgadas), equipo de audio (bocinas adicionales), lector de CD, etc. El conjunto de estas características van orientadas a cubrir mis necesidades.

En el caso de un servicio, si necesito realizar una transferencia bancaria, estaré esperando rapidez (tanto en la atención como en el trámite), un servicio sin errores (es decir, que el dinero se transfiera exactamente a quien espero y en la cantidad que estoy suministrando), así como un trato agradable. Si estas condiciones se dan, estaré cubriendo mis necesidades.

A manera de práctica autoanaliza lo siguiente:

1.- Considera alguna de las últimas adquisiciones de un producto que hayasrealizado¿Qué requisitos o características esperabas del producto? ¿Cubrió todas tus expectativas? ¿Por qué?

2.- Ahora considera un servicio, ¿Qué esperabas del servicio? ¿Cubrió tus necesidades?¿Por qué?

F).- Satisfacción del Cliente.

Percepción del cliente sobre el grado en que se han cumplido sus requisitos.

https://pixabay.com/static/uploads/photo/2014/03/29/08/40/woman-300549_640.jpg

Este último concepto toma especial importancia, pues la calidad implica satisfacer. Al suministrar un producto o un servicio estamos cubriendo diversas necesidades del cliente, permitiéndole emitir un juicio del nivel de cumplimiento o de satisfacción que se logra.

Estar satisfecho va relacionado con la naturaleza humana. Si recordamos lo que vimos en los antecedentes, el ser humano siempre ha esperado satisfacerse o recibir lo mejor, al desear encontrar la fruta más sabrosa, la mejor herramienta o el vehículo más funcional. La manera de lograr o aumentar la satisfacción en un cliente está en relación con el cumplimiento de sus necesidades.

Entendiendo esta implicación humana por la satisfacción, las organizaciones han ido comprendiendo que para captar y mantener a los clientes, la única vía es ofrecerles calidad y con ello, satisfacción. Inclusive cuando un producto o un servicio proporciona un valor mayor al esfuerzo que le significó adquirirlo (mayores características a las esperadas y que le son de utilidad) éstas influirán positivamente en la satisfacción.

Esto significa que hoy en día el consumidor es quien establece las condiciones y que seleccionará como su proveedor a aquella organización o persona que le proporcione mayor valor por el menor esfuerzo; es decir, a aquellos que lo dejen más satisfecho.

Las organizaciones que ostentan el tener clientes satisfechos, cuentan con métodos para medir en qué grado están cumpliendo con las expectativas del consumidor. Lo hacen para evaluarse en relación a sus competidores (benchmarking), para entender las formas en que los empleados influyen en la satisfacción del cliente, así como para encontrar áreas de oportunidad (mejora) para sus productos o servicios.

Ahora bien, ¿Cómo es que podemos saber si nuestros clientes están satisfechos?

Existen diversos mecanismos para captar el grado de satisfacción del cliente; el más utilizado es la encuesta. Probablemente te haya tocado responder alguna encuesta personal o telefónica sobre un producto o un servicio en particular… ¿Sabías en ese momento que estabas participando en un proceso de calidad?

5.3 Etapas de la Calidad.-

Una vez abordados los conceptos relacionados con la calidad, estudiaremos la propuesta de Sullivan sobre las etapas de la calidad y las características de cada una de ellas:

Diseño Propio

ETAPA I.- ORIENTADA AL PRODUCTO.

Las empresas en su relación con los clientes, establecen un sistema de inspección al producto final que asegure que sirve para lo que fue comprado.

ETAPA II.- ORIENTADA AL PROCESO.

Caracterizada porque la empresa reconoce que cuando se revisa el producto al final del proceso, ya no se puede hacer nada en cuanto a la mala calidad del producto y que la única respuesta es tirarlo a la basura, reprocesarlo o volverlo a hacer, decide orientar las acciones de calidad al proceso, que es donde se hace el producto y donde las medidas de corrección y prevención pueden producir resultados positivos.

ETAPA III.- ORIENTADA AL SISTEMA.

Es en esta etapa donde se reconoce que la responsabilidad de la calidad de los productos recae en todos los departamentos; producción, ventas, administración, finanzas, mantenimiento, servicios generales, etcétera, y no únicamente en un departamento llamado control de calidad o de inspección final, que extienda el certificado de defunción de los productos.

ETAPA IV.- ASPECTO HUMANÍSTICO DE LA CALIDAD.

Es la etapa en la que se reconoce que el recurso humano es lo más valioso que tiene la organización, por lo tanto su capacitación y el reconocimiento de sus potencialidades individuales de discernir, proponer, planear, ejecutar y controlar son necesarios para asegurar el obtener productos de calidad.

"Puedo responsabilizarme de que lo hagan con calidad pero también debo delegar la autoridad para que propongan e implanten mejoras".

ETAPA V.- ORIENTADA A LA SOCIEDAD.

Se refiere a la pérdida mínima causada a la sociedad desde el momento mismo en que el producto o servicio sale de la empresa o de la unidad orgánica que lo produce.

ETAPA VI.- ORIENTADA AL COSTO.

Es cuando se reconoce que no hay que agregar más costo al producto, si como está satisface las necesidades del cliente.

ETAPA VII.- ORIENTADA AL CONSUM IDOR.

Es en esta etapa en la que se considera fundamental el incorporar al concepto de calidad las necesidades y expectativas del cliente, ya que quien orienta la calidad es el consumidor.

Sullivan en su enfoque considera las siete etapas anteriormente mencionadas por las que ha transitado el énfasis de la calidad en los últimos años, sin embargo no es el único, existen otros autores que pueden mencionar un proceso diferente por el que evolucionado la calidad, dado que todo es dinámico y que por lo tanto diariamente puede estar cambiando, lo mismo sucede con el concepto de calidad en las organizaciones.

Recomendación:

- ○ Verificar dentro de nuestras actividades en la empresa o la escuela, en que etapa del proceso mencionado nos encontramos y de esta maneradetectar oportunidades de mejora.
- ○ Definirdentro de nuestras posibilidades y en nuestro entorno diario estándares de calidad para cada etapa del proceso.

5.4. Calidad en el Servicio.

Como hemos comentado, el interés por la calidad existió durante muchos años alrededor de la manufactura y los productos y es a partir de los cincuenta cuando se reconoce la importancia de la calidad en los servicios de soporte a los procesos de manufactura, es decir, no solo el proceso a cargo de elaborar del producto es responsable de la calidad, sino también los procesos de servicio asociados, como pudieran ser el suministro de materiales, el embarque, el suministro de personal calificado, etc.

¿Por qué se ha prestado poca atención a la calidad de los servicios?

Existen varias razones, entre ellas podemos mencionar:

- ❖ Los servicios están sujetos a la calidad de los productos, por lo tanto sólo reciben una atención pasajera.
- ❖ No hay ninguna organización que la difunda, a diferencia que en los productos donde existen cientos de organizaciones en el mundo que la promueven.

❖ Existen pocos profesionales con dedicación exclusiva a la investigación y el desarrollo de la calidad en los servicios.

Con el avance tecnológico y los cambios en la economía mundial, la calidad en los servicios comenzó a ser exigida por los consumidores. Este fenómeno es más acelerado en los países del Primer Mundo, pero ocurre también en otros menos desarrollados, dado que se considera organización de servicio prácticamente a toda aquélla que no realice transformación de materias primas en producto terminado. Esto incluye la banca, educación, gobierno, mensajería, turismo, transporte, consultoría, asesoría, diversión y esparcimiento, etc.

La calidad en el servicio es un tema importante porque aun en empresas eminentemente manufactureras, se presenta una cierta proporción de servicios. Berry y Parasuraman mencionan que las operaciones empresariales son siempre una mezcla de transformación de materiales y servicios. Esta combinación se presenta en cinco niveles en donde se puede encontrar desde bienes tangibles con un bajo nivel de servicio (comida preparada) hasta servicios puros (consultoría), pasando por bienes con servicio intensivo (automóviles), híbridos (comida rápida) y servicios con uso intenso de equipo tangible (transportación aérea).

Berry L. L. y Parasuraman. A. Autores del libro Mercadotecnia en los servicios. Compitiendo a través de la Calidad. The Free Press. 1991. Investigadores de la Calidad en los servicios. Desarrollan en conjunto con Zeithaml el método Servqual para evaluar la percepción del consumidor de la calidad en los servicios.

Dada la naturaleza de los servicios, el cliente los juzga a través de lo que percibe y como lo percibe; la mezcla de ambas percepciones forma en su mente una imagen que tendrá efecto en juicios posteriores. En servicios, las experiencias e imagen previas influyen muy fuertemente en el juicio de calidad y satisfacción del cliente.

En lo que respecta a la naturaleza de los servicios, Rosander propone lo siguiente:

Los servicios son intangibles y salvo algunas excepciones no pueden medirse, a diferencia de medir las propiedades de un objeto o producto físico, los servicios no pueden medirse, solo pueden conocerse sus efectos. Esto se debe a que un servicio es dinámico, no estático. De cualquier forma, una operación de servicio puede relacionarse con unas medidas. Una consulta médica puede medirse por la eficacia con que el doctor ayuda a aliviar una enfermedad a través de medicamentos (el efecto).

Los servicios no pueden almacenarse. Una vez que se ha prestado el servicio, ya no existe, a lo mucho permanece la evidencia del servicio. Para que el servicio se proporcione se requiere que estén presentes tanto el prestador del servicio como el consumidor del mismo.

La calidad no puede determinarse de antemano. Los servicios no pueden examinarse de la misma manera que uno examina los alimentos antes de hacer una compra en el supermercado. El cliente no sabe si el servicio será satisfactorio si no lo compra y pasa por la experiencia.

Los servicios tienen una dimensión temporal o duración. Esto se debe a que los servicios ocurren en el tiempo. Tienen un comienzo y un fin.

Los servicios se prestan tras una solicitud. Se realizan tras ser demandados de manera instantánea como el suministro de gas o electricidad o programadas como el servicio en un banco.

Los servicios implican más que fiabilidad en los productos, fiabilidad humana. Para dar un servicio tal vez se necesiten equipos y seres humano, la naturaleza humana implica la posibilidad de equivocarse, el paro en el suministro de energía de una ciudad puede deberse a accionar por error un interruptor.

La calidad de un servicio es difícil de medir, no se puede almacenar, es complicada de inspeccionar, no se puede anticipar su resultado, no tiene vida, su duración es muy corta, se ofrece bajo demanda, depende mucho de las personas y su interrelación. Todo esto hace que la calidad de un servicio sea juzgada por el cliente en el instante en que lo está recibiendo, o mejor dicho, en el momento de la verdad.

Los momentos de la verdad ocurren durante la interacción personal entre el que proporciona el servicio y quien lo recibe. La interacción de servicio no siempre es entre dos personas:

Puede ser entre un servidor humano y una máquina como cliente, o viceversa

https://pixabay.com/static/uploads/photo/2014/02/01/18/01/money-256319_640.jpg

https://pixabay.com/static/uploads/photo/2015/07/26/07/26/worker-860909_640.jpg

o entre dos máquinas   al igual que entre dos humanos

 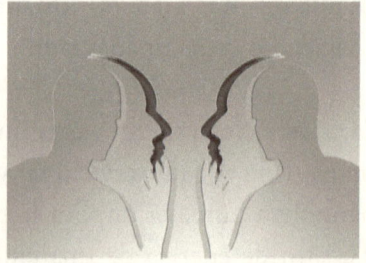

https://pixabay.com/static/uploads/photo/2014/09/19/20/52/cogs-453036_640.jpg

https://pixabay.com/static/uploads/photo/2014/07/08/10/17/face-386626_640.jpg

Los principales factores que determinan la calidad en el servicio son:

✓ El comportamiento, actitud y habilidad del empleado que proporciona el servicio
✓ El tiempo de espera y el utilizado para ofrecer el servicio
✓ Los errores involuntarios cometidos durante la prestación del mismo

En lo que respecta a las actitudes, se espera que el servidor sea amistoso, atento, responsable educado, amable, cortés etc. Su apariencia se ve influenciada por el uso de vestimenta apropiada, limpieza y el aspecto general de su persona. En cuanto al comportamiento debe ofrecer una respuesta rápida, dar explicaciones claras, mostrar respeto por el cliente, utilizar un lenguaje adecuado y saber escuchar con atención al cliente.

Los servicios se han vuelto un sello distintivo para las empresas que le han apostado a los mismos, sin embargo es bueno saber que los servicios poseen ciertas características que los diferencian de los productos manufacturados:(Payne, 1996)

a).- Intangibilidad (son abstractos).
b).- Heterogeneidad (no están estandarizados y son muy variables).
c).- Inseparabilidad (se producen y consumen al mismo tiempo, con participación del cliente).
d).- Caducidad (no se almacenan)

Lo cierto es que en la calidad de los servicios, la tendencia a la mejora se percibe cuando los errores, la pérdida de tiempo y las conductas incorrectas tienden a cero.

Si repasamos nuestras experiencias como clientes de los servicios, seguramente existen hechos que permiten aseverar que la calidad ha ido mejorando en los mismos. Hoy en día existen servicios de mensajería que son mucho más rápidos, seguros y eficientes que los que existían hace 10 años, y el servicio para rastrear o responder una queja es mucho mejor. Los bancos han extendido sus horarios de atención al público para satisfacer las necesidades de diversos usuarios, al mismo tiempo que con los avances tecnológicos se permite realizar operaciones por medio electrónico (a través del Internet). Restaurantes de comida rápida intentan ser más competitivos al ofrecer servicios más rápidos y en mejores condiciones. Y sin dejar atrás, tenemos a las dependencias de gobierno, que han incursionado en el proceso de la mejora continua de sus servicios, con el objeto de tener ciudadanos más satisfechos e identificados con los colores de los partidos políticos.

Recomendación:

- Investigar y analizar los conceptos relacionados con el circulo de Deming
- Informar a los trabajadores sobre las políticas de calidad que maneja la empresa en los servicios que ofrece.
- Utilizar un cliente misterioso (mistery shopper) como estrategia, para comprobar si las políticas de calidad se llevan adecuadamente.

https://pixabay.com/static/uploads/photo/2014/09/17/11/08/problem-449365_640.jpg

5.5   Factores necesarios para la Calidad.

Existen diversos factores que favorecen la calidad; sin embargo, el elemento artífice para que las cosas sucedan es el ser humano. Las organizaciones se ven impactadas por factores económicos, tecnológicos, políticos y sociales, sin embargo el ser humano sigue siendo la fuerza que logra que las cosas sucedan.

Naturalmente, la unión hace la fuerza y la cooperación es parte de la naturaleza humana. Conforme las teorías que promueven el desarrollo de la calidad han evolucionado, paralelamente se han generado diversos enfoques para el trabajo en grupo.

El trabajo en equipo se ha convertido en uno de pilares de la actividad laboral. La unificación de esfuerzos individuales permite identificar oportunidades de mejoramiento. Para lograr lo anterior se requiere una actitud de participación, colaboración e involucramiento por parte de todos los integrantes de una empresa.

a) Involucramiento.
En este aspecto debemos considerar tres premisas importantes:

- ✓ La participación para el logro de la calidad involucra a todos los miembros de la organización, no solo al personaloperativo.
- ✓ Todo individuo que sea parte de una organización directa o indirectamente contribuye a la calidad del producto o servicio que ésta genere.

https://pixabay.com/static/uploads/photo/2014/12/22/07/22/network-577018_640.jpg

✓ La calidad existe y aumentará de manera proporcional al nivel deinvolucramiento del personal en una organización.

El Involucramiento implica compromiso, tanto de la administración al permitir que los empleados participen en las tomas de decisiones, como de los empleados, en el sentido de aportar y participar de los procesos en los que la administración los invita, dado que se considera como un trabajo de equipo.

La generación de valor en un producto o servicio, se debe a la suma de las aportaciones de los procesos, siempre y cuando los individuos que participan en ellos, contribuyan con su esfuerzo de manera positiva. El flujo continuo de ideas aunque sea pequeñas es el concepto central del mejoramiento de la calidad.

https://pixabay.com/static/uploads/photo/2014/10/15/00/26/group-488977_640.jpg

Elprincipio de participación se fundamenta en la creencia de que los empleados se sentirán más orgullosos e interesados en su trabajo si se les permite realizar contribuciones significativas e influir en las decisiones relacionadas con los proceso de trabajo en los que se involucra.

El generar una cultura participativa, permite a las organizaciones la toma de conciencia del personal de su impacto en la calidad, y provoca la sinergia para involucrarse en la calidad, entendiendo que este mundo cambiante y exigente demanda ser competitivos para permanecer y después para mejorar.

En este momento sería de suma importancia que realizarás una reflexión basada en las siguientes preguntas:

Recomendación:

○ ¿Qué tan consciente estás de tu contribución a la calidad de los productos o servicios que proporciona tu organización?
○ En una escala de 1 a 10 evalúa tu nivel de involucramiento y después responde la siguiente pregunta:
○ ¿A qué crees que se debe tu nivel de involucramiento?

b) Trabajo en Equipo.-
Si hay algo en lo que los seres humanos debemos aprender a realizar con responsabilidad, es el trabajo en equipo, por naturaleza las personas tenemos muchos problemas para integrarnos al trabajo de equipo, sin embargo una vez salvado este obstáculo, es sumamente productivo el equipo de trabajo. El trabajo individual es muy bueno, sin embargo el trabajo de equipo es el que hace que las organizaciones permanezcan y crezcan, con los consiguientes beneficios para el entorno donde están establecidas.

> "Dos cabezas piensanmejor que una"
> *(Anónimo)*

Una organización es, por definición, un quehacer interactivo de personas y equipo, mediante métodos y procedimientos de trabajo, para alcanzar una meta común. Comprobado está que cuando las personas interactúan en equipo logran mejores resultados que cuando aplican el esfuerzo individual. La razón es muy simple: el equipo es una unidad de trabajo natural, ya que ningún proceso organizacional puede ser planeado, controlado o mejorado por un solo individuo con la calidad y productividad que los tiempos actuales demandan.

El trabajo en equipo significa trabajar armoniosamente para alcanzar objetivos comunes y es necesario por las siguientes razones según Rosander (1992):

> Los problemas y proyectos raramente se limitan a un aspecto concreto, es decir trasciende el ámbito de control individual y departamental.
> Los problemas afectan a muchas especialidades incluso dentro del mismo departamento.
> Los problemas más importantes generalmente son interdepartamentales.
> Las faltas del sistema afectan a toda la organización.
> Encontrar las causas del problema y eliminarlas requiere un conocimiento, habilidad y técnica especiales.
> Una vez que una situación o problema afecta la labor de más de una persona, es necesaria la cooperación para resolverlo.

¿Y qué entendemos por equipo?

El grupo de personas con habilidades complementarias, comprometidas con una causa y meta comunes, y para lo cual ellos aportan sus recursos, destrezas y habilidades para la consecución de los objetivos.

Conforme el concepto de calidad ha evolucionado, han emergido diversos enfoques sobre el trabajo en equipo, entre los cuáles podemos mencionar los siguientes:

> Sistemas de sugerencias. Los empleados proponen pero no deciden.
> Equipos facultados.Los equipos de trabajo toman decisiones.
> Equipos autodirigidos. Resuelven problemas de su propio proceso.

➤ Círculos de calidad.Identifican, analizan y resuelven problemas relacionados al trabajo del equipo.

➤ Equipos de alto desempeño. Sobrepasan el desempeño convencional, están en función a resultados,cuentan con parámetros de medición de su desempeño.

El trabajo en equipo está pasando a ser uno de los pilares culturales del cambio organizacional hacia la competitividad.

Recomendaciones:

Para finalizar este punto sería bueno reflexionar sobre lo siguiente:

○ Dentro del trabajo que realizamos, ¿hemos participado o estamos participando en un equipo de trabajo para mejorar la calidad de nuestros productos o servicios?

○ De ser así,¿qué tipo de equipo de trabajo sería?

5.6 Evolución de la Calidad.

a) Calidad Artesanal.-

El primer momento evolutivo de la calidad, sucede cuando el hombre comienza a elaborar sus primeras herramientas para su uso personal: arcos, flechas, cuchillos, vasijas y vestimenta. Así se vuelve sedentario y empieza a desarrollar la agricultura, la crianza de animales, el curtido de pieles y la construcción de viviendas. Es en esta etapa cuando el hombre transforma su medio ambiente y existe la ventaja de que la propia persona elabora y utiliza sus productos, por lo tanto, se da cuenta de los problemas de los materiales y los métodos de su fabricación. El hombre comienza a seleccionar los mejores materiales.

Conforme las tribus crecieron, la colaboración grupal se incrementa y para subsistir intercambiaban sus productos por otros productos, servicios o por alimentos provistos por otros agricultores y cazadores. En este intercambio prevalece el seleccionar los mejores alimentos y carnes.

b) Control de Calidad.

En este caso, podemos enunciar dos niveles genéricos del control de calidad: Porinspección y por control estadístico del proceso.

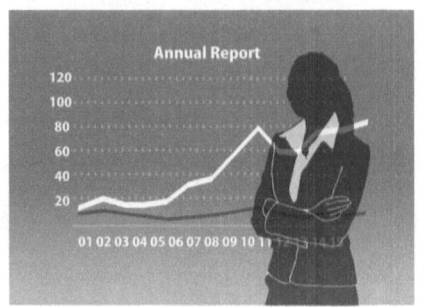

Por Inspección   Por control estadístico de proceso.

https://pixabay.com/static/uploads/photo/2015/03/09/04/10/working-665004_640.jpg

https://pixabay.com/static/uploads/photo/2015/06/21/10/38/silhouettes-816487_640.jpg

Por inspección

Al incrementarse la oferta y la demanda de bienes, se da origen a nuevas formas de producción, así como a la invención y utilización de aparatos mecánicos que permiten mayor rapidez en el proceso. Al surgir los talleres, el artesano dejó de estar presente en el total de las tareas de transformación del producto, perdiéndose la comunicación directa entre el obrero productor y el usuario.

El comercio con otros pueblos propició también la fijación de especificaciones de diseño, el desarrollo de herramientas para la inspección y medición de productos y el surgimiento de los primeros supervisores e inspectores. (Guajardo, 2003)

Las aportaciones de Frederick W. Taylor y Henry Fayol (sobre la separación de la planeación, el control y el mejoramiento, de la producción del trabajo) dan un énfasis a la utilización de la inspección como herramienta de control para la detección de errores, que era realizada por alguien diferente al operario (llamado capataz de producción) el cual aceptaba o rechazaba la calidad del producto, es este último quién asume la responsabilidad por la calidad del trabajo.

La inspección se aplica al 100% de la producción, es decir, toda pieza o producto elaborado es supervisado.

Como mencionamos en el primer tema, Henry Fayol contribuye a la teoría de la administración con la separación de trabajo en funciones. Reconoce la necesidad de separar funciones técnicas de las administrativas ya que cree que esto permite el incremento la eficiencia. Como resultado, las actividades de control (como la inspección) fueron separadas de las actividades operativas o de ejecución del trabajo porque esto permitía a los operadores concentrar sus habilidades en la producción.

Los sistemas de producción se hicieron más complejos durante la Primera Guerra Mundial, implicando el control de gran número de trabajadores y apareciendo en escena los primeros inspectores de tiempo completo. Como ejemplo, el gobierno británico estableció el ministerio de municiones para coordinar la producción de armamento, debido a la dificultad que surgía como resultado de la variación en los métodos de inspección. Esto dio pie al crecimiento de la fuerza de inspectores. Este paso condujo a las grandes organizaciones de inspección en los años 20´s y 30´s. (Feingenbaum, 1961).

Un efecto negativo de la aparición de la entidad supervisora es que provoca el establecimiento de barreras entre áreas o departamentos, pues existe una entidad que detecta lo malo. Actitud que señala o culpa el trabajo mal realizado.

(Diseño Propio)

La entidad inspectora tiene la función de detectar los defectos y segregarlos para evitar que los clientes reciban un producto defectuoso.

En este nivel, la calidad se verificaba una vez que el producto estaba realizado, implicando costos de desperdicio. Es decir los problemas se detectaban con el producto ya elaborado.

c)Control estadístico de proceso

La década de los 30′s trae consigo los métodos estadísticos de muestreo con el objeto de reducir los altos costos de inspección, a cuenta de asumir un cierto riesgo en la decisión relacionada con las condiciones de calidad que presentará un lote de producto; aunque los costos se reducían, se continuaba con la detección de problemas de calidad en un producto ya manufacturado. Es así que Shewhart desarrolla el control estadístico del proceso, que se enfoca al control de los procesos mediante la utilización de métodos estadísticos y que también permite la reducción de los niveles de inspección. Se reconoce que la calidad es responsabilidad del departamento de producción.

Shewart entendía la calidad como un problema de variación que puede ser controlado y prevenido mediante la eliminación a tiempo de las causas que lo provocaban, de tal forma que
la producción pudiese cumplir con la tolerancia de especificación de su diseño. Para lograr este objetivo ideó los gráficos de control. (Diseño Propio)

d)Aseguramiento de Calidad.

A principios de los 50′s (después de la segunda guerra mundial) Juran propone el concepto de aseguramiento de calidad, que implica involucrar a todos los departamentos de la organización en el diseño, planeación y ejecución de políticas de calidad. Esto significa que el proceso de manufactura requiere de servicios de soporte, por lo que se debían coordinar los esfuerzos entre las áreas de producción, diseño, abastecimiento, almacenes, etc.

Juran realiza un particular estudio desde el punto de vista económico para responder el cuestionamiento de hasta qué punto es conveniente dar calidad a un producto, así propone que existen los costos asociados a la calidad, veamos el siguiente mapa conceptual.

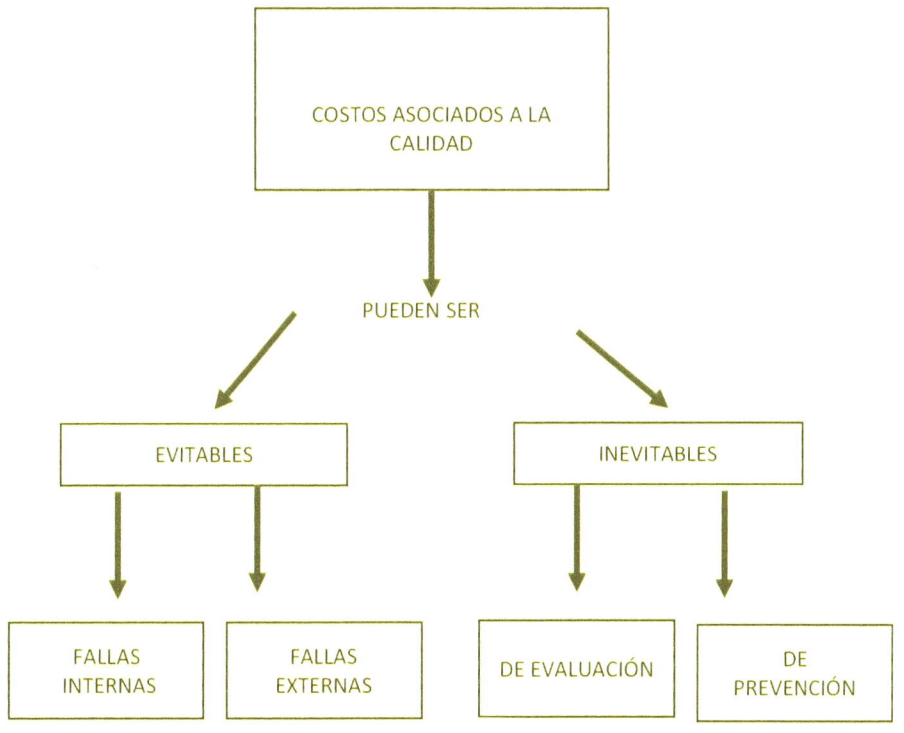

(Diseño Propio)

Al revisar el mapa, podemos deducir que las metodologías de calidad van moviéndose de un enfoque reactivo (inspeccionar lo que ya se hizo y reaccionar en consecuencia) a un enfoque preventivo (adelantarse a la elaboración o fabricación y prevenir problemas).

El Aseguramiento de calidad es concebido como el conjunto de actividades planeadas formalmente para proporcionar la debida certeza de que el resultado del proceso productivo tendrá los niveles de calidad requeridos, a través del involucramiento de todos los departamentos de la organización en el diseño, planeación y ejecución de políticas de calidad.

Recomendación:

○ De esta manera la intención es evitar corregir, esto es, prevenir. Se deja de inspeccionar el producto final y crece el inspeccionar no sólo lo que se hace en cada etapa del proceso sino también cómo se hace.

e) Sistemas de Calidad.

Los métodos y técnicas de prevención dan origen al sistema formal de calidad. En 1959, el primer estándar americano (Mil Std -Militar Standard- 9858) con los Requerimientos de un Programa de Calidad fue publicada por el Departamento de Defensa de los Estados Unidos. Este estándar incluía requerimientos como acciones correctivas y acciones preventivas, análisis de datos, mejoramiento, eliminación de causas especiales de variación, revisión de contrato, instrucciones de trabajo, registros, control de documentos, etc.

LaMilStd 9858 es el cimiento de todos los estándares o normas de sistemas de calidad que siguieron. Este estándar fue seguido por un número de normas militares relacionadas con la administración de la calidad del producto. Con el crecimiento de la carrera armamentista en los 60´s la industria militar fue inundada con diversos estándares y en 1968, la Mil Std 9858 fue usada como base para las Publicaciones en Aseguramiento de la Calidad AQAP de la Organización del Tratado del Atlántico Norte (OTAN), estás últimas publicaciones detonaron la emisión de otras tantas guías y estándares, (como sucedió en Inglaterra con "La Guía para el Aseguramiento de la calidad" en 1972).

Durante los 70´s el Ejercito de los Estados Unidos continuó publicando estándares que gobernaban elementos de un sistema de calidad como los Sistemas de Dibujo, Acciones correctivas, Aseguramiento de Calidad en los proveedores, Aseguramiento de Calidad en el software y en las calibraciones. Así, los proveedores en la Industria

Militar, no podían aspirar a suministrar sus productos si no se apegaban a los estándares establecidos a la misma.

En 1975 Canadá fue el primer país que publicó unas normas (Las series Z299) para sistemas de calidad con aplicación comercial (no militar). En 1979 el Instituto de Normas Británicas publica las series BS 5750 sistema de calidad (exigible a proveedores), mismas que cubren los requisitos de normas militares y las AQAP de la OTAN.

En 1982, el Papel Blanco en Normatividad, Calidad y Competitividad Internacional del Gobierno Británico alentaba a la Industria Británica a perseguir la Certificación en Sistemas de Calidad conforme a la norma BS 5750. Así se visualiza que los Sistemas de Aseguramiento de Calidad son un medio para lograr productos estándares que son percibidos como la médula de la competitividad. El Gobierno Británico a través del Departamento de Industria y Comercio dio apoyos a las empresas para recibir asesoría y obtener la certificación BS 5750.

En 1984 se revisan las normas BS 5750 y así fue como el Interés internacional en el tema alienta a la Organización Internacional de Estándares (ISO) a desarrollar un Estándar Internacional en Sistemas de Calidad. Este proyecto involucró a 26 países. Así en 1987 surge la primera versión de las normas ISO 9000 que retoman los requisitos establecidos en las BS 5750 y aun mantienen huella de las normas militares y su orientación a la manufactura.

https://pixabay.com/static/uploads/photo/2013/07/12/19/19/iso-154533_640.png

La aceptación de las normas ISO 9000 creció, pasando de la aplicación en la manufactura al sector de los servicios.

5.7   Gestión de Calidad.

Como hemos visto, el Aseguramiento de Calidad está orientado a suministrar confianza de que los requerimientos de calidad serán alcanzados o logrados. Sin embargo, tanto el control de la calidad como el aseguramiento de la calidad, son parte de la Administración o Gestión de la Calidad.

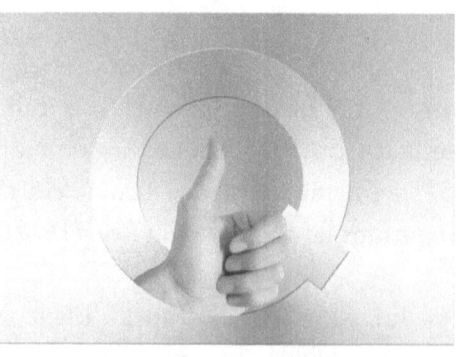

https://pixabay.com/static/uploads/photo/2015/03/26/10/52/qualification-692089_640.jpg

Administrar la calidad en una organización significa dirigir y controlar la misma con respecto a la calidad. La Gestión de Calidad implica planificar, controlar, asegurar y mejorar la Calidad.

La administración de la calidad se enfoca al logro de resultados, trayendo consigo el despliegue de políticas que aseguren que las estrategias de calidad se conviertan en metas y objetivos operativos, en todas las áreas funcionales de la organización.

Así tenemos que un sistema de Administración de Calidad persigue la eficacia (logro de los resultados planificados) así como mejorar el modo en cómo se logran los resultados o incrementar la eficiencia (relación entre el resultado alcanzado y los recursos utilizados).

Una diferencia de la Gestión de la Calidad es que promueve la mejora en el desempeño.

Toda organización tiene un propósito y cuenta con un sistema de administración (formal o informal) para lograrlo. Como parte del sistema de administración de una organización, se integra el de calidad, con la intención de lograr ciertos propósitos en relación a la calidad misma (políticas y objetivos).

5.8   Administración de la Calidad Total.

La plenitud de los sistemas de calidad sucede bajo el concepto de la Administración de la Calidad Total (Total Quality Management - TQM).

https://pixabay.com/static/uploads/photo/2015/02/11/21/11/magnifying-glass-633057_640.jpg

Este enfoque retoma los conceptos del Control Total de la Calidad (propuesto por Feingenbaum) y el Control de Calidad a todo lo Ancho de la Empresa (Company Wide Quality Control CWQC de Ishikawa). La Administración de la Calidad Total cobra fuerte relevancia a partir de la década de los 90´s en donde se hace hincapié en el mercado y en las necesidades del consumidor, y lo buscan las organizaciones que reconocen el efecto estratégico de la calidad en el proceso de competitividad.

La administración de la calidad total apunta a dirigir y administrar una organización mediante el uso de todos los conceptos y técnicas más desarrolladas de la calidad, asegurándose de conocer, entender y satisfacer las expectativas de los grupos de interés e influencia.

La administración de la Calidad Total se define entonces como un sistema administrativo basado en el enfoque total de sistemas, que permite a una organización el desarrollo de una cultura de mejoramiento continuo para el cumplimiento de su misión. Es una parte del plan estratégico y funciona a todo lo largo y ancho de una organización, facultando a los empleados para aprender de su experiencia y transferir ese conocimiento a situaciones nuevas en búsqueda de los cambios que permitan desarrollar la capacidad de crear e influir en el futuro de la organización.

Tomando como base a los principales autores en calidad y retomando algunas de sus definiciones, tenemos lo siguiente:

a).- Liderazgo.- conjunto de habilidades gerenciales o directivas que un individuo tiene para influir en la forma de ser de las personas o en un grupo de personas determinado, haciendo que este equipo trabaje con entusiasmo, en el logro de metas y objetivos. (https://es.wikipedia.org/wiki/**Liderazgo)**

b).- Planeación estratégica.- Debe ser para las organizaciones de vital importancia , ya que en sus propósitos, objetivos, mecanismos, etc. se resume el rumbo, la directriz que toda organización debe seguir, teniendo como objetivo final, el alcanzar las metas establecidas, mismas que se traducen en un crecimiento económico. (https://es.wikipedia.org/wiki/Planificación_**estratégica)**

c).- Posicionamiento de mercado.- Cuando la organización entiende las necesidades y procesos de compra de los clientes mejor que los competidores, proporciona un mayor valor a éstos y de esta forma logra conseguir y conservar clientes, mejorando su posición en el mercado. (Kotler, 2003)

d).- Administración de la operación.- La administración de operaciones tiene la responsabilidad de cinco importantes áreas de decisión: proceso, capacidad, inventario, fuerza de trabajo y calidad. (Schroeder, 2014)

e).- Administración del recurso humano.- Proceso administrativo aplicado al acrecentamiento y conservación del esfuerzo, las experiencias, la salud, los conocimientos, las habilidades, etc., de los miembros de la organización, en beneficio de los trabajadores y de la organización. (Arias, 1988)

f).- Administración de proveedores.- Las materias primas que proveen los proveedores se vuelven de suma importancia para la organización ya que de ellas dependerá el nivel de calidad de los productos generados, por lo que se vuelve importante contar con proveedores confiables.

g).- Control del proceso.- Las técnicas de control de medición antes, en y después del proceso, están siendo integradas cada vez más en las instalaciones de manufactura y procesamiento. (Feigenbaum, 2005)

Debido al constante esfuerzo por mejorar el desempeño en cuanto a la calidad, no existe un modelo único para la Administración de la Calidad Total. Existe una diversi dad de modelos propuestos para el logro de la Calidad Total.

Retomando las áreas definidas, se puede desarrollar un sistema conceptual de negocios basado en principios de calidad total (según Cantú Delgado). Los grupos de influencia determinan sus expectativas respecto a la empresa.

Por su parte, la alta administración, al considerar las expectativas de los grupos de influencia y su posición de mercado, debe definir el plan estratégico. Los lineamientos estratégicos serán el marco de referencia en el que interactúen el subsistema humano y el operacional para la operación del negocio apoyándose en procedimientos de control y mejoramiento de la calidad y de los insumos para posicionar a la empresa en el mercado. La interrelación de los subsistemas se muestra de la siguiente manera:

Modelo conceptual de administración de negocios
basado en principios de calidad total.

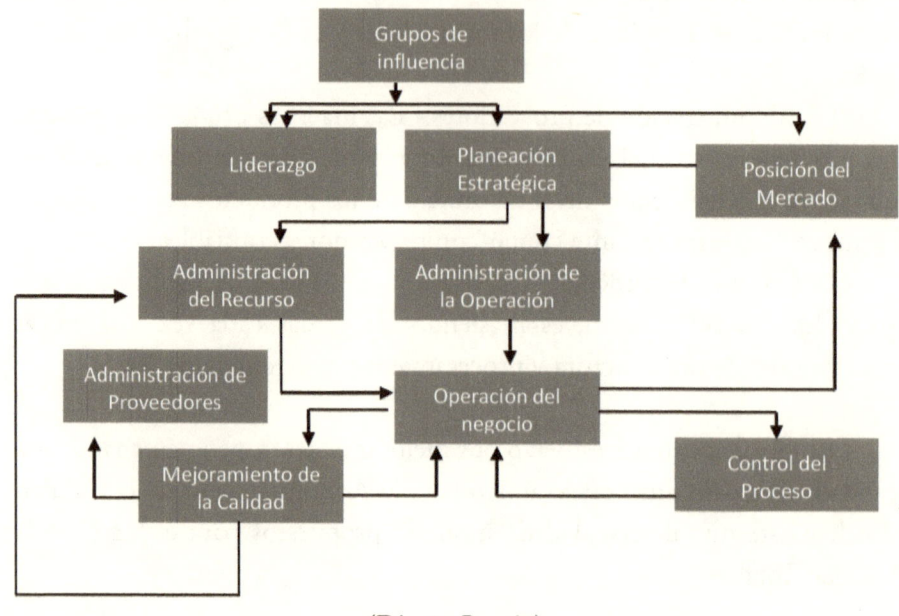

(Diseño Propio)

La Administración de la Calidad Total trabaja para incrementar la productividad de la operación de la organización y orientarla hacia la calidad. La alta administración lo relaciona con la operación del negocio mediante el despliegue de las políticas de calidad que resultan del proceso de planeación estratégica. Sin embargo, el proceso de planeación estratégica es un instrumento de control que necesita de la retroalimentación de la operación y de factores externos a la empresa, como son las expectativas de los grupos de interés e influencia, la disponibilidad tanto de capital como de tecnología, los competidores y el mercado.

Sin duda alguna, seguirán apareciendo nuevas propuestas que contribuyan al logro y mejoramiento de la calidad en las organizaciones, en beneficio de todos los involucrados.

Asimismo, se espera que cada vez más las organizaciones comprendan y se involucren en el logro y mejoramiento de la calidad en beneficio no sólo de sus clientes, sino de todos los actores que se ven impactados por su existencia.

A manera de síntesis podemos reflejar la madurez de la Administración de la Calidad a través del siguiente gráfico:

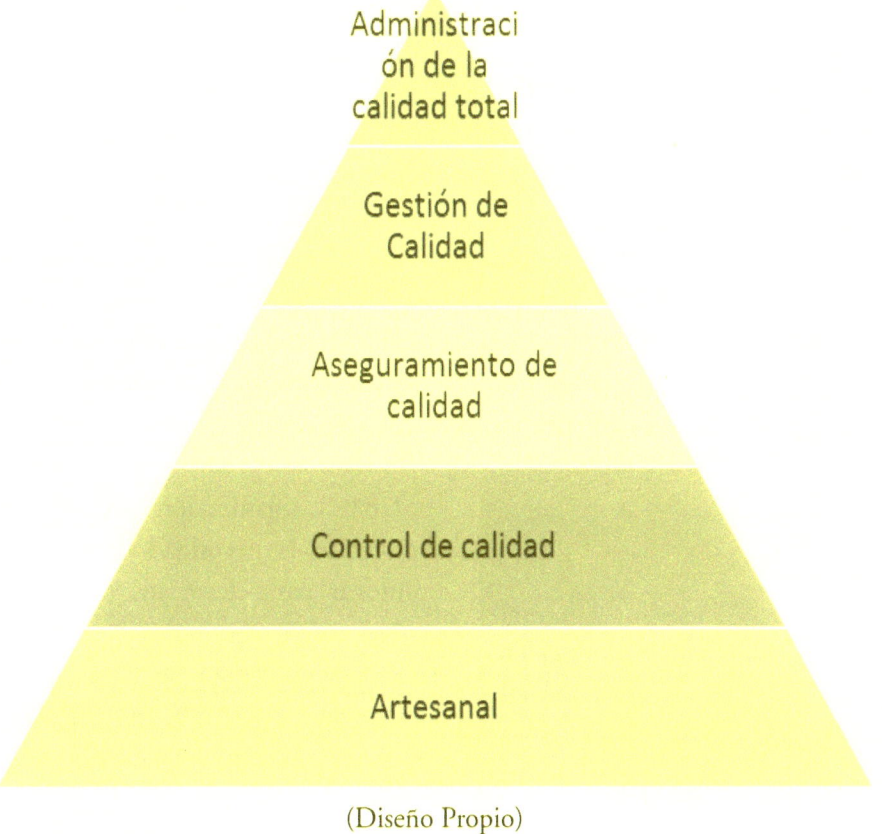

(Diseño Propio)

5.9   Tendencias Actuales de la Calidad.

Adentrarse en el conocimiento del campo de la calidad nos permite reconocer que la calidad ha evolucionado al igual que la civilización.

a) Calidad como estrategia para la competitividad.

Entendemos por competitividad a la capacidad de una organización para mantener sistemáticamente ventajas comparativas que le permitan alcanzar, sostener y mejorar una determinada posición en el entorno socioeconómico.

La productividad y la calidad son los conceptos clave para la búsqueda de la competitividad. Elevar los niveles de calidad impacta positivamente en la productividad y a su vez en la posibilidad de competir.

En la actualidad, la globalización y los consumidores cada vez más exigentes, demandan a las organizaciones ser cada vez más competitivas ofreciendo productos o servicios con mayor calidad.

Desde sus inicios, el concepto de globalización se ha venido utilizando para describir los cambios en las economías nacionales, cada vez más integradas en sistemas sociales abiertos e interdependientes, sujetas a los efectos de la libertad de los mercados, las fluctuaciones monetarias y los movimientos especulativos de capital.

Una organización que no comprenda la necesidad de cambiar e innovar para elevar los niveles de calidad en sus productos o servicios, tiene el serio riesgo de estancarse y desaparecer, pues otra organización que si lo haya comprendido captará la atención de los clientes.

https://pixabay.com/static/uploads/photo/2014/04/02/10/35/unicef-303925_640.png

Con la eliminación de fronteras comerciales, existe la posibilidad que cualquier empresa competitiva pueda ofrecer sus productos o servicios en cualquier parte del mundo.

Así cada vez existe una mayor conciencia en las organizaciones, de que, para permanecer y crecer, no hay otra alternativa que buscar la manera en como aumentar la calidad de los productos o servicios que ofrecen, que les permita situarse en mejores posibilidades para competir.

Podemos coincidir que la búsqueda por la calidad ha apuntado siempre en una dirección positiva. Esto nos permite inferir que las tendencias para la calidad se orientan hacia el perfeccionamiento, hacia la excelencia y hacia la mejora continua.

Referencias.

Apuntes curso de Sistemas de Calidad EVAC.

Arias Galicia Fernando. (1988). *Administración de recursos humanos.* México, Edit. Trillas

Berry L. L. y Parasuraman. (1991). Mercadotecnia *en los servicios. Compitiendo a través de la Calidad. The Free Press.*

Feigenbaum, Armand V. (1991). *Total Quality Control.* Ed. Mc Graw-Hill.

Feigenbaum, Armand V. (2005). Control Total de la calidad. México, Ed. CECSA.

Guajardo Garza, Edmundo (2003). *Administración de la Calidad Total.* México, Edit. Pax.

Kotler P., Armstrong G. (2003). *Fundamentos de Marketing.* México, Edit. Pearson-Prentice Hall.

Lerma Kirchner, Alejandro. (2004). *Guía para el Desarrollo de Productos.* México. Edit. Thomson.

Payne Adrian (1993). *La esencia de la Mercadotecnia de Servicios.* México, Edit. Prentice-Hall.

Schroeder Roger (2014). *Administración de Operaciones.* 3a. edición.

Páginas de Internet.

https://es.wikipedia.org/wiki/**Liderazgo**

https://es.wikipedia.org/wiki/Planificación_**estratégica**

CAPÍTULO 5

Localización

M.I. Federico Gamboa Soto
Dr. Juan Carlos Guzmán García

CAPÍTULO 5

Localización de mi negocio

Muchos son los aspectos que pueden determinar el éxito o fracaso en una organización a cualquiera de los niveles en que está situada, el mundo hoy ya no es el mismo de hace algunos años en el cual tener una buena idea o una corazonada eran suficiente para tener una empresa exitosa. Mediante la ingeniería de planta se puede determinar entre varias opciones cual será el lugar idóneo para el establecimiento del negocio considerando aspectos como la proximidad entre clientes y proveedores, buscando la manera de satisfacer a los clientes (De la Fuente García, D; Parreño Fernández, J.; Et. Al. (2008).

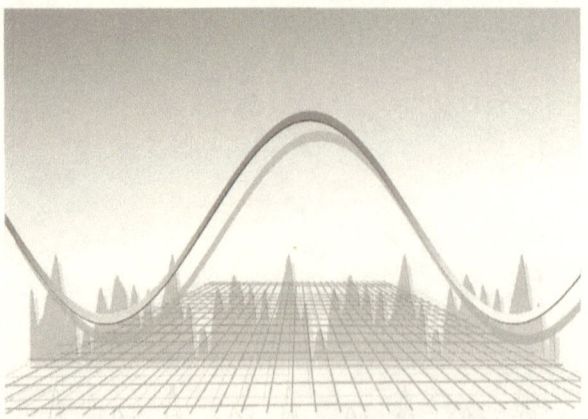

Figura 5.1 Factores para la ubicación de una planta.

https://pixabay.com/static/uploads/photo/2015/06/15/09/59/analysis-810025_640.jpg

5.1   Estudio de Mercado

El estudio de Mercado es de manera general el investigar si es factible la realización de un proyecto en una zona determinada, al realizar una serie de preguntas para las personas que habitan en esa determinado lugar y quienes serian nuestros clientes potenciales.

También el analizar las fortalezas y debilidades de esta área para su análisis profundo, este estudio debe hacerse de la manera más objetiva porque de no realizarse de esta manera se estaría utilizando una falsa información y el riesgo de que la compañía fracase sería muy elevado.

En su libro sobre cómo elaborar un estudio de mercado,Ferré Trenzano, José María y Ferré Nadal, Jordi; (1997) ,desarrollaron una sencilla metodología de 4 pasos a seguir para poder realizar este procedimiento:

1. Diagnóstico:
Se debe realizar un análisis crítico de la situación que impera para poder las alternativas parael establecimiento del negocio.

2. Recopilación:
Se debe recabar la información necesaria para poder determinar si la gente estaría interesada en el producto o servicio que se propone. Esto debe estar enfocado en base a si este está enfocado en base al género y rango establecido de edad en caso de ser necesario.

3. Objetividad:
Se tiene que cerciorar que los datos sean los correctos y que no exista ninguna especie de sesgo, es decir que la gente no se deje influenciar por factores externos, sino que de forma objetiva de su opinión favorable o desfavorable y que den sus puntos de vista para la retroalimentación del proyecto. De otra manera el estudio de mercado no tendría ningún efecto si no se tiene cuidado en este importante aspecto.

4. Análisis de Riesgo:

Se debe analizar cuáles son los factores que pudieran poner en riesgo la puesta en marcha del proyecto, pueden ser factores tanto económicos, jurídicos y sociales para poder prever aquellos detalles que pudieran evitar el éxito de la organización.

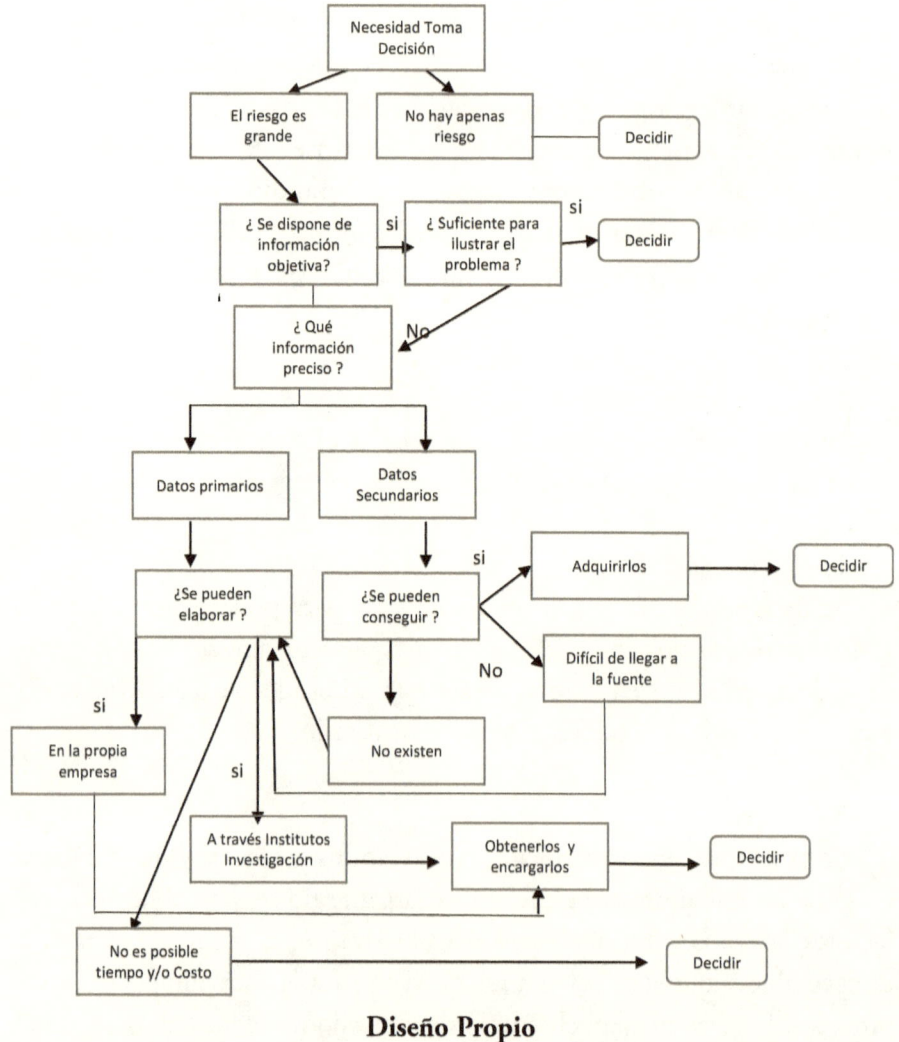

Diseño Propio

Figura 5.2 Diagrama para validación de información

En el presente diagrama se explica una forma de poder criticar objetivamente la información para poder realizar una correcta toma de decisiones considerando los riesgos, priorizando con datos primarios es decir con información recabada por uno mismo o por nuestro equipo de trabajo y si no fuera posible sería necesario usar datos secundarios, o visto de otra forma son estudios que anteriormente se elaboraron, pero se debe tener mucho cuidado en verificar que esta información sea de una fuente confiable como puede ser una dependencia gubernamental o alguna universidad que sea reconocida por sus investigaciones.

5.2   Localización de Planta

La localización de la organización se debe medir de manera objetiva de dos maneras según Victoria Erossa en su investigación titulada Proyectos de Inversión en Ingeniería: Su metodología (1987). indico que existen 2 etapas para la localización de una planta.

Figura 5.3 Localización de Planta

https://pixabay.com/static/uploads/photo/2015/03/27/20/42/smartphone-695164_640.jpg

Macrolocalización:

Esto significa que el primer paso es seleccionar la localización a una región especifica de la república o en el caso de las empresas transnacionales el país y después una ciudad elegida esto en base a un análisis anteriormente realizado para determinar el área donde finalmente se establecerá la organización.

Microlocalización:

Esto es una actividad complementaria de la Macrolocalización que previamente se describió, con la variación que esta vez se evalúan entre diversos sectores de la ciudad para determinar finalmente donde será establecida la compañía.

En las 2 etapas se debe seguir el siguiente análisis detallado:

1. Análisis preliminar.
2. Búsqueda de alternativas de localización.
3. Evaluación de alternativas.
4. Selección de localización.

En su libro Pedraza Rendón, Oscar Hugo; (2014) elaborado con la finalidad de apoyar a aquellos emprendedores quienes desean comenzar una micro o pequeña organización denomino que existen 4 factores críticos para el éxito, los cuales los mencionamos a continuación.

Seguridad:

Darle la certeza a nuestros clientes que les estamos vendiendo una solución a su necesidad y no problemas y de ser posible dar un seguimiento post venta para que las personas se sientan convencidas de que tanto el producto como la empresa satisfizo su inquietud y de esta manera poder tener una recomendación positiva y al momento de volver a tener una carencia de algún material o servicio, seamos la primer opción en su búsqueda.

Materia Prima:

Es aquel material necesario para la realización de las actividades, ya sea un producto o un servicio, para poder tener un adecuado control de este importante criterio es necesario realizar una evaluación previa de los proveedores para poder analizar si cumple con las promesas de entrega y son adecuados los productos o servicio que entrega en base a lo acordado previamente.

Figura 5.4 Materias Primas

https://pixabay.com/static/uploads/photo/2013/05/15/17/31/brown-coal-mining-111365_640.jpg

Mano de Obra:

Es recurso humano y el cual va ser quien realice la elaboración de los productos o prestación del servicio el cual estamos vendiendo, es muy importante para esto la correcta elaboración del perfil de trabajo para poder determinar a la persona mas adecuada y que más se adecue a nuestra organización y a su vez de ser necesario proporcionarle una correcta capacitación.

Figura 5.5. Equipo de trabajo en su Reunión de Inicio de Jornada

https://pixabay.com/static/uploads/photo/2015/03/26/10/02/people-690810_640.jpg

Recursos Públicos:

El hecho de que no exista ningún problema de infraestructura o llegada de los servicios públicos al área de trabajo, como pueden ser principalmente el agua, la electricidad principalmente que estas lleguen en la presión e intensidad para la correcta realización de las actividades, también es importante considerar las telecomunicaciones como son el teléfono, así como una buena red de internet para poder estar en una correcta comunicación interna como externa para con los proveedores. Por último otro aspecto a considerar es una buena intensidad en equipos de telefonía móvil.

Figura 5.6 La importancia de los recursos públicos.

https://pixabay.com/static/uploads/photo/2015/05/13/22/22/workspace-766045_640.jpg

También comenta Pedraza, O.; (2014) en su libro que existen algunos aspectos intangibles que si bien no ponen en riesgo la operación de la organización si pueden representar si no se tiene cuidado, pueden representar una opinión negativa de la compañía lo que conllevara una mal recomendación de la gente que compra o es parte del entorno de trabajo.

Clima social:

Es el entorno de la región o ciudad en relación a la Macrolocalización de planta anteriormente mencionada, con efectos como pueden ser la seguridad pública, el apoyo que pudiera proporcionar el gobierno para los emprendedores, así como el éxito que ha desarrollado otros emprendedores en la concepción de ser posible ideas semejantes a la nuestra, de no ser así en términos generales las empresas de cualquier giro en los últimos 5 años.

Transporte:

Para este concepto debemos tener la consideración las distancias existentes con los proveedores, también el contemplar los tiempos de entrega debido a que existen productos que debido a su complejidad o el hecho de que su manufactura no es de nuestra región o en casos especiales, tampoco de este país.

Figura 5.7 Tipos de Transporte.

https://pixabay.com/static/uploads/photo/2013/07/12/12/32/airplane-145889_640.png

Competencia:

Por competencia entendemos a aquellas compañías que directamente o indirectamente afectan a nuestra organización, pero una organización competidora directa sería una empresa la cual se dedica a fabricar o realizar la prestación de un servicio exactamente igual al que nosotros proporcionamos, por poner un claro ejemplo serían 2 restaurantes de comida mexicana en un sector específico, en cambio una indirecta sería aquella que si bien no proporciona el mismo recurso si algo que nos puede quitar la atención de la clientela, una manera más clara de entenderlo sería un restaurante de comida mexicana y otro de comida china que si bien es una variación de lo que nosotros ofrecemos si puede restar clientes a nuestro negocio.

Figura 5.8 Tipos de Competencia.

https://pixabay.com/static/uploads/photo/2015/05/05/08/58/challenge-753479_640.png

Actitud de la comunidad:

Es la percepción que tiene la comunidad en base al proyecto que pensamos emprender, se debe tener el conocimiento del entorno que nos rodea debido a que puede ser un factor que si bien no es determinante en el hecho de la producción o las ventas. Si puede ser un factor que traiga problemas externos que en determinado momento pueden tener una opinión negativa de la gente que estará en el entorno del proyecto.

5.3   Método de selección de Alternativas.

Existen diversos métodos para la selección de las alternativas para poder establecer el negocio, vamos a desarrollar el más práctico de todos estos procedimientos el cual es denominado Método por Ponderación el cual explicaron ampliamente Rodríguez, Nuria; Martínez, William; (1998) en el desarrollo de su libro Planeación y Evaluación de proyectos informáticos.

Mediante los especificados anteriormente criterios que si bien son una referencia en la selección que se plante al realizar la evaluación de la puesta en marcha del proyecto podrían definirse con otros proyectos que la persona o consejo que tome la decisión crea convenientes.

En tabla de métodos ponderados realizado a continuación, se realiza al dividir los segmentos en el número de criterios que se crean convenientes otorgándole un valor percentil que se crea conveniente priorizando los que se considere más críticos para el éxito del proyecto, después de manera objetiva se selecciona entre varias opciones y se le da una calificación para obtener un valor ponderado y al final se obtiene una calificación final, la cual se confronta con las demás opciones de manera que la alternativa que obtenga una mayor calificación, será la opción que se pondrá en marcha.

Por poner un ejemplo y para que quede claro este análisis supongamos que decidimos que la mano de obra será el 20 % de la decisión y decidimos darle una calificación de 8 después de evaluar la destreza de la gente que radica en esa zona se realizara el siguiente cálculo.

8 x 20 % = 1.6

De esta manera sabemos que la calificación ponderada de la mano de obra de esta ciudad es de 1.6, de esta manera se realizan todos los cálculos y al final se hace una sumatoria para poder tomar una decisión final.

Criterio	¨%	Ciudad A		Ciudad B		Ciudad C		Ciudad D	
		Valor	Total	Valor	Total	Valor	Total	Valor	Total
Seguridad	10%	7	**0.7**	8	**0.8**	8	**0.8**	8	**0.8**
Materia Prima	20%	9	**1.8**	10	**2**	7	**1.4**	6	**1.2**
Mano de Obra	20%	8	**1.6**	10	**2**	8	**1.6**	8	**1.6**
Recursos Públicos	20%	9	**1.8**	7	**1.4**	7	**1.4**	7	**1.4**
Clima social	5%	8	**0.4**	6	**0.3**	7	**0.35**	8	**0.4**
Transporte	10%	6	**0.6**	6	**0.6**	7	**0.7**	6	**0.6**
Competencia	10%	8	**0.8**	8	**0.8**	6	**0.6**	6	**0.6**
Actitud de la comunidad	5%	8	**0.4**	10	**0.5**	9	**0.45**	7	**0.35**
Calificación Final		**8.1**		**8.4**		**7.3**		**6.95**	

Diseño Propio

Después de realizar el valor ponderado de cada uno de los criterios confrontado a las alternativas se determinó de manera objetiva que la mejor opción es la ciudad B ya que obtuvo una calificación final de 8.4 y es donde el proyecto se procederá a realizar.

Figura 6.9 Selección de la alternativa.

https://pixabay.com/static/uploads/photo/2014/01/04/07/40/right-238369_640.jpg

Ya contemplada la ciudad seleccionada al realizar el análisis de Macrolocalización se deberá realizar ahora un análisis considerando aspectos de la ciudad en la cual se va hacer el proyecto.

Localización:
Es un lugar estratégico para atraer a los clientes generalmente se debe buscar un lugar donde exista la carencia de un producto o servicio para poder tener una ventaja competitiva y la probabilidad de éxito sea mayor.

Costo del Local:
Es el pago mensual por la renta del inmueble, este costo puede variar en base a la ubicación o modernidad del inmueble donde este localizada.

Competencia:
Son aquellos competidores que como habíamos comentado anteriormente pueden mermar nuestras ventas, se tiene que tener

considerado cuales serán los competidores en determinada sección, conocer sus ventajas y debilidades para realizar una correcta estrategia de competencia.

Condiciones del inmueble:

Se tiene que determinar en qué condiciones operativas se encuentra el inmueble y si es necesario hacer una reparación o adaptación del entorno donde se pretende emprender el negocio.

Servicios:

Es el correcto sistema de los servicios como pueden ser la electricidad, agua potable y comunicaciones para evaluar una acción correctiva en caso de realizarse en este lugar el trabajo.

Dimensiones:

Es la evaluación del entorno en base al espacio que se requerirá para realizar la actividad, en base al espacio volumétrico de la instalación es decir el largo, ancho y altura, para poder considerar si las herramientas y equipo secundarios tendrán un buen acomodo.

	%%	Local A		Local B		Local C		Local D	
		Valor	Total	Valor	Total	Valor	Total	Valor	Total
Localización	20%	7	**1.4**	9	**1.8**	9	**1.8**	9	**1.8**
Costo del Local	20%	6	**1.2**	8	**1.6**	8	**1.6**	7	**1.4**
Competencia	20%	9	**1.8**	6	**1.2**	10	**2**	7	**1.4**
Condiciones del Inmueble	20%	9	**1.8**	7	**1.4**	6	**1.2**	6	**1.2**
Servicios	10%	6	**0.6**	6	**0.6**	8	**0.8**	8	**0.8**
Dimensiones	10%	10	**1**	10	**1**	8	**0.8**	9	**0.9**
Calificación Final		**7.8**		**7.6**		**8.2**		**7.5**	

Diseño Propio

En base a esta evaluación se puede determinar que el local C es el más factible para la ubicación de la empresa y podemos proseguir al acomodo de este establecimiento.

Es importante que para la realización de estas evaluaciones se dialoguen entre 2 o más personas y se evalué de una manera objetiva y no se dejen llevar por corazonadas o selección de la ubicación en base a lo que determinada persona desee.

Esto puede provocar el hecho de que no se tomen en cuenta los riesgos que pudieran afectar a la organización y no se podrá tener una oportuna reacción para poder realizar un cambio para corregir el rumbo y esto pudiera llevar a la quiebra a la empresa.

5.4   Esquema de planeación de la distribución

En la realización de su libro (De la Fuente García, David & Fernández Quesada, Isabel; (2005). denominado Ingeniera de Planta, se trata el problema de la ubicación de la instalación .es el último paso en el establecimiento del negocio y es de vital importancia debido a que la importancia de sacar el mejor provecho a la instalación.

El método a utilizar para este procedimiento es la Carta de Relaciones, este útil sistema nos sirve para determinar la necesidad de que cierta área esté más cerca de otro.

Este método se realiza con las referencia de las letras A,E,I,O,U y X.

A: Absolutamente necesario.
Es decir que estos departamentos forzosamente deben estar ubicados de manera contigua porque de no ser así pondrían en riesgo la operación.

E: Especialmente Importante.
Es una conexión interdepartamental que si bien es importante tenerlos con relativamente cercanía, no existe un riesgo en la operatibilidad si no se encuentran de manera contigua.

I: Importante.

Considerando el hecho que puede ser colocado en un área que no es de mayor trascendencia que si bien es un proceso, no impacta en la realización del mismo.

O: Ordinario.

Quiere decir que se puede colocar en un área de apoyo secundario a las actividades principales de la organización.

U: No Importante

Es una actividad que se puede colocar en cualquier segmento de la organización, como una actividad para realizar el termino del apoyo donde exista un segmento de espacio sin utilizar.

X: Indeseable.

Es una actividad que no se desea cerca de otras áreas debido a su complejidad, peligrosidad o inclusive por aspectos de seguridad por realizarse con procedimientos críticos o de desecho de materiales peligrosos.

Este es un ejemplo de cómo se va determinando esta relación entre 2 departamentos en este ejemplo se consideran las oficinas y el departamento de torneado de cierta empresa manufacturera, y en base a un análisis detallado se toma la consideración que no es importante que estén cercanos.

Se decide darle el valor de U como una actividad no importante porque básicamente las oficinas deben ser colocadas en un lugar donde no interfieran con las actividades imprescindibles del proyecto.

Al realizar las interconexiones de estas áreas se deberá realizar mediante líneas de la siguiente manera.

Referencia	Conexión	Referencia	Conexión	Referencia	Conexión
A	≡≡≡≡	I	══════	U	
E	≡≡≡≡	O	_____	X	....

Diseño Propio

El primer paso para este acomodo es analizar la carta de relación con categoría A

Encontramos que los departamentos 2 - 9; 4 - 7 & 7 - 11 tienen una interconexión de clase A. por lo tanto un acomodo preliminar quedaría de la siguiente manera.

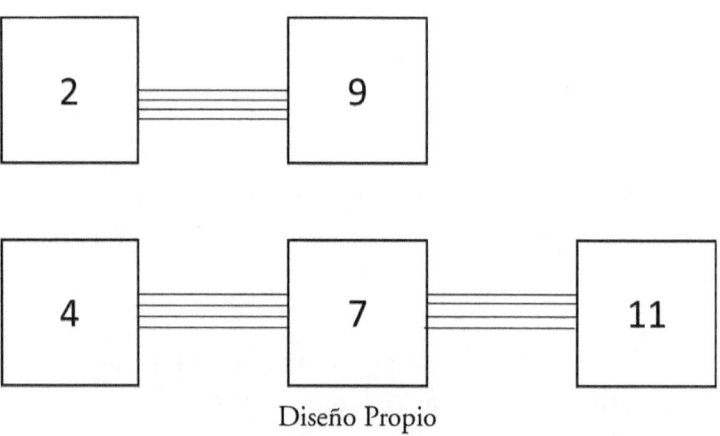

Diseño Propio

Se sigue con la subsecuente actividad de valor E

Determinamos que los segmentos que tienen este valor son los departamentos 4 y 9 únicamente. el acomodo seria de la siguiente manera.

Diseño Propio

Se sigue con la 3er etapa son las actividades Importantes.

Después de la evaluación se determina la interacción entre los segmentos.

2-3; 3-9; 2-6; 6-5 y 5-9.

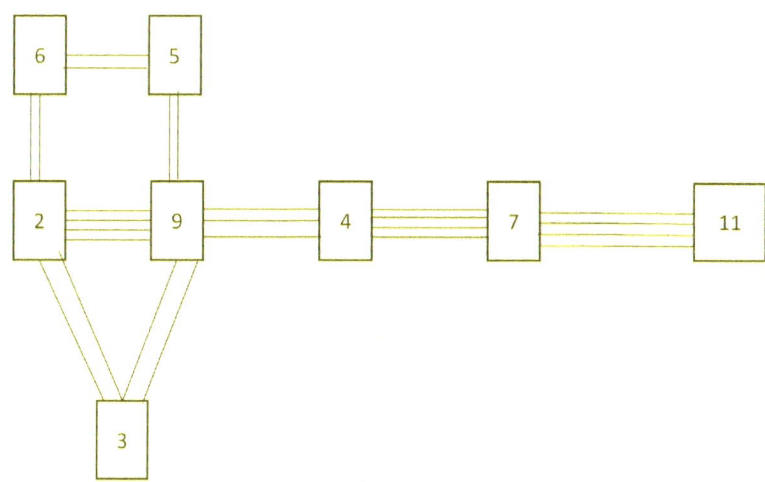

Diseño Propio

El siguiente Paso es buscar las áreas en base al siguiente criterio que sería el valor ordinario. loscuales serian las etapas que se describen a continuación.

5-4; 9-10; 10- 8; 8-4; 7-1 y 1-11

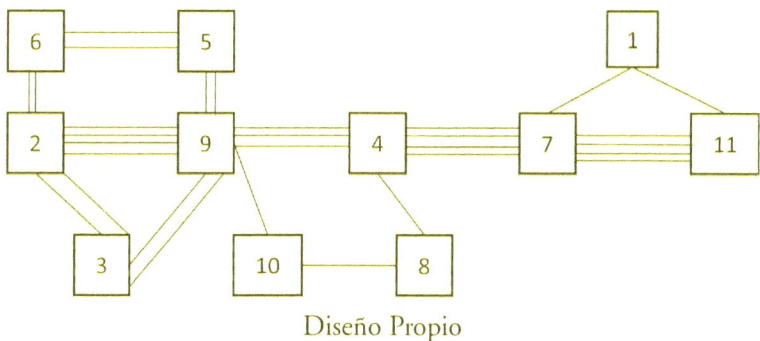

Diseño Propio

En caso de ser necesario se deberá buscar la manera de adaptar las locaciones faltantes con el criterio U que es No importante y con el

Criterio X que es no deseable y separarlo lo más posible de la locación que impera su lejanía.

5.5 Recomendaciones:

Todas estas recomendaciones brindadas en este capítulo te ayudarán a determinar cuál es la mejor ubicación para tu empresa, vimos desde los aspectos macro, hasta los micro considerando aspectos tan importantes como el estudio de mercado, la objetividad.

Para posteriormente realizar un análisis matemático con el fin de determinar cuál es la mejor opción para nuestro negocio, todos estos aspectos son sólo una guía y obviamente deberá tomar en cuenta las variantes y aspectos críticos que pudieran crear una adversidad en el proyecto.

Para finalmente realizar la carta de relación y un acomodo propuesto de la instalación para el ejemplo se utilizó un acomodo de una empresa manufacturera, pero este sistema es perfectamente replicable para cualquier tipo de organización.

Esperamos que el esfuerzo de esta obra literaria les dé un panorama más amplio de los aspectos que deberá tomar en cuenta para poder lograr una organización fructífera.

Referencias.

○ De la Fuente García, David; Parreño Fernández, José; Fernández Quesada, Isabel; Pino Diez, Raúl; Gómez Gómez, Alberto; Puente García, Javier(2008). *Ingeniería de Organización en la Empresa: Dirección de Operaciones.* Primera Edición, Editorial de la Universidad de Oviedo España. Consultado 10 de Mayo del 2015 de forma electrónica.

○ De la Fuente García, David; Fernández Quesada, Isabel; (2005). *Ingeniería de Planta.* Primera Edición, Editorial de la Universidad de Oviedo España. Consultado 10 de Mayo del 2015 de forma electrónica.

○ Ferré Trenzano, José María; Ferré Nadal, Jordi; (1997). *Los Estudios de Mercado: Cómo Hacer un Estudio de Mercado de Forma Práctica. Todo lo Que Conviene Saber para Hacer Estudios con Escasos Recursos.* Primera Edición, Ediciones Díaz de Santos. Consultado 10 de Mayo del 2015 de forma electrónica.

○ Erossa Martín, Victoria Eugenia; (1987) *Proyectos de Inversión en Ingeniería: (Su Metodología).* Primera Edición, Editorial Limusa. Consultado 10 de Mayo del 2015 de forma electrónica.

○ Pedraza Rendón, Oscar Hugo; (2014) *Modelo del Plan de Negocios: Para Micro y Pequeña Empresa* Primera Edición, Grupo Editorial Patria consultado el 11 de Mayo del 2015 de forma electrónica.

○ Rodríguez, Nuria; Martínez, William; (1998) *Planeación y Evaluación de Proyectos de Información.* Primera Edición, Editorial Universidad Estatal a Distancia de Costa Rica. Consultado el 12 de Mayo del 2015 de forma electrónica.

○ **Figura 5.1 Factores para la ubicación de una planta.** Tomado del Blog publicado por Ingrid Cotabarria (2013)*Localización de Plantas Industriales.* Consultado 10 de mayo del 2015

○ **Figura 5.2 Diagrama para validación de información.** Tomado del libro publicado por Ferré Trenzano, José María; Ferré Nadal, Jordi (1997)*Los Estudios de Mercado: Cómo Hacer un Estudio de*

Mercado de Forma Práctica. Todo lo Que Conviene Saber para Hacer Estudios con Escasos Recursos s. Consultado 10 de mayo del 2015

o **Figura 5.3 Localización de Planta.**Tomado de la página Ingeniería Industrial Online. *Método de localización de planta.* Consultado el 11 de Mayo del 2015 http://www.ingenieriaindustrialonline.com/herramientas-para-el-ingeniero-industrial/dise%C3%B1o-y-distribuci%C3%B3n-en-planta/m%C3%A9todos-de-localizaci%C3%B3n-de-planta/

o **Figura 5.4 Materias Primas** Ilustración tomada de la página Lasmateriasprimas.com red en el articulo *denominado materias primas industriales.* consultado el 11 de mayo del 2015. http://lasmateriasprimas.com/materias-primas-industriales.html

o **Figura 5.5 Equipo de trabajo en su Reunión de Inicio de Jornada.** Ilustración Tomada de la pagina de Wikipedia en el articulo denominado Mano de Obra. consultado el 11 de Mayo del 2015 http://es.wikipedia.org/wiki/Mano_de_obra

o **Figura 5.6 La importancia de los recursos públicos.** Ilustración tomada de la página Moondoreyes.com en el artículo denominado *el agua ¿El petróleo del futuro?.*consultado el 11 de mayo del 2015. http://www.moondoreyes.com/MP2.4.htm

o **Figura 5.7 Tipos de Transporte.** Ilustración tomada Del campus virtual de la universidad de ingeniería de Buenos Aires, Argentina. En el artículo nombrado *Planeamiento del transporte.* Consultado 12 de Mayo del 2015. http://campus.fi.uba.ar/course/category.php?id=32

o **Figura 5.8 Tipos de Competencia.** Ilustración tomada del blog de Franco Soriano Romero En el artículo nombrado *Importancia en el diseño de la publicidad.* Consultado 12 de Mayo del 2015. http://francosorianoromero.blogspot.mx/

o **Figura 5.9 Selección de la alternativa.** Ilustración tomada del blog del profesor José Pacheco En el artículo nombrado *Búsqueda de una muestra.* Consultado 12 de Mayo del 2015. https://mscjoseapacheco.wordpress.com/2013/05/13/como-seleccionar-una-muestra/

○ **Figura 5.10 Selección de la alternativa.** Ilustración tomada de Monografias.com En el articulo nombrado *Resolución de distribución de planta.* Consultado 14 de Mayo del 2015. http://www.monografias.com/trabajos65/resolucion-distribucion-planta/resolucion-distribucion-planta2.shtml|

www.ingramcontent.com/pod-product-compliance
Lightning Source LLC
Chambersburg PA
CBHW021429170526
45164CB00001B/154